コンビニ店員だけど、FXで日給20万円の人生イージーモードになった話

ぱる出版

はじめに

はじめまして　元コンビニ店員＆ＤＪだった新山　優です。コンビニ店員だったお陰様で『株』や『ＦＸ』の存在を知り、今では、個人のトレーダーとして月20％〜月30％の利益をコンスタントに出せるようになりました。トレードをしたことがない人には、月何％という話をしてもピンとこないかもしれませんが、証拠金が１００万円あったら、月１２０万円〜１３０万円に増やすことができるということになります。

それも、１日１時間くらいの作業で……。

コンビニ店員だったときは、朝から晩まで働いていました。勤務時間はすごく長くて、時間のゆとりはあまりない生活をしていました。それでも、ＤＪという好きなことを続けるためにと頑張っていましたが、ときには、夜22時から深夜も眠らずに、朝の8時まで働いていました。それでも、やっと稼いでいたお給料の金額は月20万円です。ＤＪも休みを返上して、週6日とか週7日などアルバイトのシフトを入れれば、月30万円は稼げましたが、それでは、全く休みがなくなります。

しかも、身体を酷使して疲れてしまうので、いつまでも休みなくアルバイトを続けることはできませんでした。身体にガタが来るのです。ストレスもたまるし、お酒の量は増えるし、稼いでも、稼いでも、貯金は増えませんでした。私の場合、お給料は、何故か、お給料日前に、不思議とピッタリなくなるようなお財布事情でした。だから、働いても、働いても、お金の心配をしながら生活していました。

それでも、レコードを買っていましたから、勉強代だと自分に言い聞かせて人生の不安をごまかしていた感じだったのです。そんな人生が『ＦＸ』に出会うことで変わってしまったのです。昔の生活がウソのように、私は、今、家にいて、のんびりとスマホを片手に寝ころびながらでも、年収１２００万円以上。たった1日で20万円でも、稼げるようになってしまったのです。

満員電車も乗りませんし、嫌いな人にも会わなくて良い自由な生活です。好きな時間に起きて好きなときに、好きなことをする……そんな自由人に生まれ変わることができました。ストレスのない人生を送っているのに、資産は増えていくのですから、まさに天国です。私は、コンビニ店員から、自由を手に入れた勝ち組トレーダーに転身できたのです。

今日は、そんな私の実録をお伝えすることで、是非、あなたにも少しだけ人生に明るい希望をもたらす光のきっかけになればと思います。

この書籍で伝えていくメインポイントは、初心者でも簡単にできる……

●トレードと言うよりは、貯金のようなリスクの低い宝探し法
●安定トレードの設定方法
●勝負トレードの設定方法

こちらの3点です。どれも『FX』トレードに挑戦したい初心者にオススメの非常にリスクが低い方法です。単なる読み物とか、他人の人生として読み流すのではなく、是非、デモトレードなどで実践してみて「これはっ!」という人生のチャンスを掴んだり、人生を好転させるきっかけになって頂ければと思い綴りました。

こちらの書籍が出版されるにあたり、協力して頂きましたぱる出版および、編集に携わる表社長、渡辺君、モッズさん、その他、スタッフの方々に心より厚く御礼申し上げます。

新山　優

【第3章　負け組から勝ち組トレーダーに転身】

【第4章　安定&勝負トレードで資産を増やす】

【第5章 1日15分のトレードで1万円を狙おう】

編集 渡辺晃彦
校生 斎藤静香
製作進行 表 敏
デザイン 高橋直嗣
柳 奈苗
イラスト 矢花優美子
並木モッズ
企画 デュマデジタル

第1章

1日20万円を稼ぐ

【1．バイト先のコンビニで知った株とＦＸ】

大阪で生まれた私は、学生時代は渋谷で過ごしました。海外旅行先で行ったクラブがきっかけで、音楽が大好きになり、ＤＪになりたいと思うようになりました。

高校を卒業後は、特に進学や就職の予定もなく、フリーターとしてＤＪを目指しながら、高校時代からお世話になっていたコンビニのアルバイトを続けることになります。

しかし、ＤＪではなかなか食べていくこともできず、コンビニのアルバイトでもたくさんお金を稼ぐこともできず、悶々とした日々が続いていました。

約8年間、コンビニのレジを打っているうちに、並ん

でいるお客様がいくらの売上なのか？　パッと見て合計金額を伝えられるくらいにはなりました。

でもコンビニのアルバイトは、深夜担当で、朝まで働く生活も多く、若かったからできたものの、今考えたら、**精神的**にも**肉体的**にも**酷使していた**と思います。

それでも、ＤＪとコンビニ生活では、月給は20万円。本当に死ぬほど働いて、深夜も働いても月収は30万円。渋谷という場所がら、本当にお客様の出入りも多くて、仕事が終わったらもうヘトヘトになっていました。このままでは、自分の将来が不安でたまらなくなりました。このときから、私は、自問自答をするようになりました。

今は、まだ、若いから良いけれど、いつまでこの生活が続くのだろう？　いつまで体力が持つのだろう？　一生、給料は上がらないのか？　死ぬほど働いて、ＭＡＸ休みも返上してアルバイトを入れるのは、キツイ。しかも、深夜から朝まで働くのはもっとキツイのに月給は30万円だし、私は本当にこのままで大丈夫なのだろうか？

ＤＪとしての自分の生活にも不安を覚え、もはや、お先真っ暗でした。ぼんやりと、未来をイメージしても、未来への希望はもはやありませんでした。情けない……。そんな気分になっていたのです。

もしも、この時、私が月給50万円くらい稼いでいたら、今頃『ＦＸ』なんてやっていなかったかもしれません。『ＦＸ』により危険な投資をして自分のお給料を減らしたくないっと思っていたかもしれません。頑張ればお給料が上がる会社で働いていたら、きっと自分の会社の成績を伸ばすことに専念していたかもしれません。

しかし、その時の私は、**天井を知ってしまった**ため、なんとか現状を変えるしかありませんでした！　いつもお金が足りないという不安感。朝から晩まで必死に働いて休みなく**ＭＡＸで働き続けても、これかぁー**。と絶望的だったのです。お給料から貯蓄ができるだけでも、安心材料になったかもしれません。

しかし、当時の私は、ＤＪになりたいという夢もあり、買いたいＣＤもたくさんあって、友達とお酒も飲みたいですし、全然、お金は貯まりませんでした。働いても、働いても、お金が貯まらないのです。むしろ、常にお金は足りないという気がして生活していましたから、自分自身に不満を募らせていました。今、考えても、朝まで働く生活はキツかったです。どんなにお給料が高くもらえるといっても、何十円かの差です。

そして、体力的に辛くなったとき、いつか、こんな生活はできなくなると不安に思いました。それは、きっと、月50万円もらっていたとしても同じ不安だったかもしれません。

いつまでこんな生活が続くんだ？　いつまで身体が持つんだ？　こんな生活はイヤだ！　それが正直な私の気持ちでした。どうしたらもっとお金が稼げるんだろう？　どうしたら、もっと効率的にお金を貯められるんだろう？　私はそんな風に考えるようになりました。

そんな時、コンビニに並ぶ、雑誌や書籍に『株』のブームの流れが来たのです。殆

どの雑誌が『株の特集』をしていました。『株で稼ぐ！』『株で資産を増やす！』『株で簡単に儲かった！』など、たくさんのキャッチコピーが躍っていました。

私は、それらの雑誌に**引き寄せられる**かのように、自然に**手を伸ばし**、気がつけばむさぼるように**情報を得ていました**。

「株やってみっかぁ〜〜。」

少し、興味を持ち、挑戦しようとしたものの、情報量も多いし、最初に結構なお金が必要だったため、自分にとっては少しハードルが高いように感じました。それにその時の給料は20万円とかだったので、殆ど、投資に充てられるお金はありませんでした。

なんとか、数十万円をかき集めて、トレードしてみました。私が『株』に初めて挑戦したときは、ちょうど、**上昇トレンドで、誰がやっても勝てる時だったん**です。だから、雑誌でも特集されるようになったのだと思いますが、勝つのは簡単だったんです。買えば上がるので大興奮で、**所持金**は、あれよあれよという間に**10倍以上になりました**。

それが『株』にはまった理由でもあります。コンビニのアルバイトのお給料と比べたらあり得ないほど簡単にお金が増えるわけですから、魔法のように思ったくらいです。それで、私は、信用取引を知り、調子に乗って、その信用取引でトレードをはじめた矢先に……あの忘れもしない、地獄のサブプライムショックが起きたのです。

上昇トレンドだった『株』のチャートが、1日にして急暴落をして、一気に全額吹っ飛んでいきました。最終的には、『株』で負けるという結果になりました。金額的に気になるところだとは思いますが、**500万円**くらいです。私にとって本当に大金でした。でも、**全部、失ってしまった**のです。

それから、しばらくの間は、茫然としていました。あれ？　今までの時間は何だったのかなぁ？　と夢を見ているような地に足がつかない状態で、ふわふわとアルバイトもしていました。脱コンビニ店員の予定も、辞めるに辞められなくなりました。株を再開するためには、まとまったお金が必要ですし、これからどうしよう？　と悩んでいました。

そんな時に**『ＦＸ』のブーム**が到来したのです。私は、次なる『株』のためとバイトを増やしてお金を貯め込み、親にも借りて『ＦＸ』に挑戦することにしました。『ＦＸ』だったら少額でできるということだったからです。当然、コンビニの棚に並んでいる『ＦＸ』情報には釘付けになりました。

その後、コンビニの棚は、半年くらいかけて、すっかり『株』の特集は姿を消して『ＦＸ』の情報に様変わりしました。雑誌なども、大見出しは『ＦＸ』の文字が並ぶようになりました。誰でも目につくようにです。『ＦＸ』だったら、『株』のように最初にまとまったお金がなくてもトレードができるということだったので、私は「これだ！」と思いました。

コンビニで働いていると、今のトレンドや流行っていることは何か？　がはっきりと分かります。それは、コンビニの棚に並ぶ雑誌の表紙に書かれたキャッチコピーがいつも目に入ってくるからです。

半年前までは『株』の情報でオンパレードだった店頭が、一気に『ＦＸ』一色になったのです。見ていれば分かることなので、私も、今は『ＦＸ』なんだなぁ～と、注目しました。

すると『ＦＸ』は、株よりも簡単な印象でした。『ＦＸ』の説明も『株』と比較したものが多かったので、分かりやすく説明されていました。例えば『株』のときは、銘柄によってチャートの動きが違います。何を基準にどの銘柄を選んで買えば良いのか？　何社もある中から選ばないといけません。それは、初心者にとっては、一番最初から難関という感じがします。

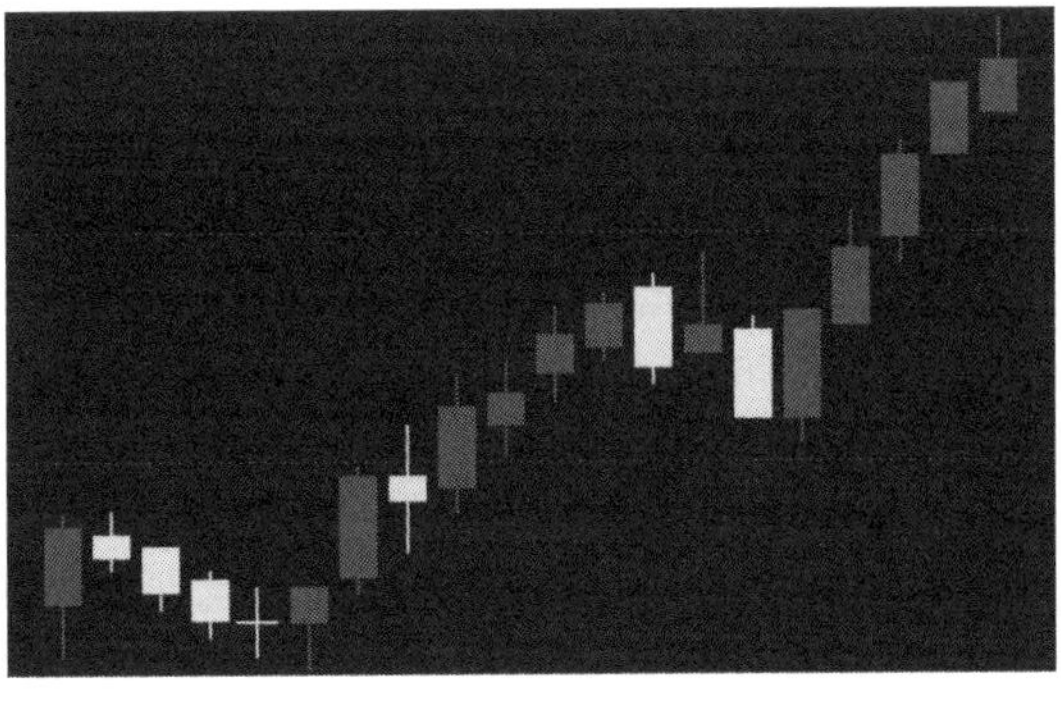

しかし『ＦＸ』の場合であれば『ドル円』でトレードするときには『ドル円』だけのチャートの動きを見れば良いので簡単です。他にも各国の通貨ペアでトレードはできますが、初心者にとっては、良く分からない通貨は無視すれば良いので、『ドル円』だけにフォーカスをして挑戦できるので、**悩まずにトレードに集中**ができます。

とにかく『ドル円』だけについて考えれば良かったことも、私が簡単に感じたことでした。『ドル円』の動きをマスターしてから、他の通貨で動きが読みやすい通貨ペアをマスターしていきました。

『ＦＸ』では『株』のように、聞いたことのある大手企業の会社名の多さに、どれを買ったら良いのか？　どの会社のチャートを分析したら良いのか？　そこから、壁にぶつかってしまったり、迷うということが一切ないのです。

そして、私が、『株』や『ＦＸ』を身近に感じることができたもう1つのポイントがあります。それは、当時、コンビニで働いていたので、そのレジの管理画面で見ていた商品を発注する際の管理表にそっくりだと感じたことです。コンビニでは、**商品**

を何個仕入れて、何個売れたという管理画面が表になっていました。これは、**現状が分かりやすく、ひと目で把握できる**ようになっていました。

『ドル円』の通貨ペアのチャートを見ても、このような売り買いの肝が分からないと、いったい自分が何をして、どういった仕組みでお金を稼いだり、損をしているのか分からないと思います。

ゲームでも、目的があって、何をどうしてそのゲームを攻略して勝っていくのか、分かっている人と分からない人では大きく違うように、私は、コンビニのバイトのお陰様で、見えない世界の通貨のやりとりも、目の前のコンビニのお店を経営しているような気分で商売できたのです。

今日は、商品をいくらで何個仕入れて、いくらで販売して、完売！　そうして、FXをして、負けたときには、今日は、売れ残ってしまった。今日の商品の仕入れは当

◎当月累積情報

(店売上)	(配送売上)	ｻﾌﾟﾗｲ売上累計	粗利累計	ｻﾌﾟﾗｲ粗利率	仕入累計
0	424,400	424,400	115,322	27.17	205,978
(ｺｰﾋｰ売上)		機械売上累計	機械粗累計	機械粗利率	入金累計
0		100,000	100,000	100	1,154,569
重点品販売件数累計　0　ｻﾌﾟﾗｲ新規件数累計　0				7 月掛売残	1,541,358
				現回収残高	386,789

日付					ｻﾌﾟﾗｲ売上計	ｻﾌﾟﾗｲ粗利	ｻﾌﾟﾗｲ粗利率	当日仕入
3	店売	0	配送	143,100	143,100	53,728	37.55	0
	客単		客単	15,900	機械売上	機器粗利	機械粗利率	当日入金
	重点品販売件数	0(ｻﾌﾟﾗｲ新規)		0	0	0	0	0
	ｻﾌﾟﾗｲ在庫金額	3,705,518					掛売回収額	0
4	店売	0	配送	55,600	55,600	-726	-1.31	0
	客単		客単	7,943	機械売上	機器粗利	機械粗利率	当日入金
	重点品販売件数	0(ｻﾌﾟﾗｲ新規)		0	0	0	0	0
	ｻﾌﾟﾗｲ在庫金額	3,649,192					掛売回収額	0
5	店売	0	配送	146,100	146,100	18,938	12.96	40,202
	客単		客単	20,871	機械売上	機器粗利	機械粗利率	当日入金
	重点品販売件数	0(ｻﾌﾟﾗｲ新規)		0	100,000	100,000	100	774,276
	ｻﾌﾟﾗｲ在庫金額	3,562,232					掛売回収額	774,276

てが外れたなぁなどと、すっかりコンビニオーナー気分でトレードを楽しんでいました。

特に、コンビニでは生ものも扱っていましたので、賞味期限が短いものもありました。ですので、すぐに負けてしまうときには、生ものを仕入れて、賞味期限までに売れ残ってしまった商品をイメージできたのです。

もしかしたら、ＤＪでも、パソコンを並べて、画面を見ながら曲を流していたので、感覚派として、曲を作って身体を動かしリズムに乗っていたように、パソコンの画面を見ながら何かしたり、それを楽しむ、という記憶となっていたことが、『株』や『ＦＸ』おいても、抵抗なく、馴染めたのかもしれません。もちろん、テレビゲームのような感覚もしかりです。

しかし、その頃、私は、月10万円円くらいのお金しかトレードすることはできませんでした。もちろん、テレビゲー

ムだと思えば、10万円でもそこに投資することは勇気が必要です。

でも、もしも、テレビに向かって、1日4時間くらい遊んでいる人がいたら、30日で120時間です。時給にして、12万円をそこに投資しているのと同じです。

私はコンビニ店員のアルバイトだったので、時給でお金をもらっていたから、余計にそんな気分で自分の時間を管理していました。特に、為替は土日が休みだったので、金曜日と土曜日の夜は、思う存分、頭を切り替えて、平日のストレスをぶっ放しながらDJを楽しんでいました。それでも、いつも、自分の頭につきまとっていたことは、**早く金種を増やしたい！**　早く金種を**最低でも100万円**に増やしたい！　という願いでした。

正直、なぜか、焦っていたし、自分で自分にダメ出しをしていました。自分がダメだと思うことは、なんとかそこから抜け出したい！　という自分が変わりたいという気持ちでいっぱいでした。

ですから、何の知識も**ないまま**、最初から**ハイレバ**でＦＸトレードをしてしまい、焦って**負けて**、勝負をして、**負けて**、そんな自分にまた、**ダメ出し**をするという**悪循環**でした。今考えるとまったく勉強をしてないだけのおバカさんでした。「無知は損」とはこのことか？　と知った後に気がつきました。知るまでは、そんなことすら知らないわけですから、わかるはずがありません。

とにかく、金種を増やしたい一心だったので、欲をかいたトレード三昧で、結果は、負けるのです。

「クソーーーーー！」

そんな悔しい思いをしたからこそ、読者のあなたには最低限知っておいた方が良いことをこの本には綴りました。そして、是非、私のような損失はなく、勝ち続けられるトレーダーになって、一緒に自由な時間を満喫して、ストレス社会から抜けてもらえたら、その報告をください。あなたの喜びが私の喜びです。

【2．コンビニ店員の給料では〝人生詰んでた〟】

ただでさえ、ないお金でトレードしているのに、そのお金がなくなるのですから、お金を増やして稼ぐどころか、いつまで経ってもコンビニ生活を辞められない悪循環でした。一攫千金を夢見て、稼いだお金を使って、全額を一瞬にしてなくしてしまう……まるでギャンブラーでした。

私は、コンビニ店員でバイトに明け暮れて時間がなかったので、パチンコやスロットはする時間がありませんでした。でも、DJ仲間には、パチンコやスロットにはまっている人もいて、今日は、勝った、負けたという響きも、結果がどちらでも自慢になるようなフレーズでした。

ギャンブルという感覚であれば、負けるのが当然で、勝つことが奇跡。勝ったときが一攫千金で人生を変えるかも

と夢を見ていますが、実際には、勝ったとしても、友達にご馳走したら、勝ったお金もなくなってしまう程度でした。良く考えたら、勝っても負けても結局お金は使ってしまっていたのです。

ギャンブルではお金を増やすわけではなくて、どちらにしても使ってしまう……その使う金額が、ギャンブルで勝ったときに増えるだけ、友達にご馳走をして勝った自慢をするだけの自己満足で終わり、私の人生の不安を取り除くものではありませんでした。悪循環は続くもので、当然、不安感をぬぐい捨てるためか？　お酒の量も増えていきます。

お酒の量が増えるということは、使うお金の量も増えるということです。今でこそ、月30万円稼いでいたら、節約をして貯金もできたかもしれません。しかし、当時の私は、月30万円では足りずに、借金にも手を出してしまったのです。ＣＤを買って、洋服を買って、飲みに行って、食べに行って、特に何か特別なことをしているわけではないのに、それだけでお金はあっという間になくなりました。

このままではまずい……。何かのネジが外れたように、一度、悪循環生活になると歯止めがきかなくなりました。いわゆる、自転車操業です。働けばお金なんて返せる！　という軽い気持ちで借金をしたのも、不思議とまるで自分のＡＴＭのような感覚になっていました。お金がなくても大丈夫。あそこに行けば、お金は出てくる。

ＡＴＭは、**魔法の扉**のようにヘビーユーザーとなっていき、とうとう、それも、底をついたのです。あれ？　**お金が借りられない**……。

どうしろと言うのでしょうか？　働いていないニートではありません。働いているのにお金は貯まらないし、働いているのに借金は増えるばかりなのです。これ以上、手だてがありませんでした。まだ、少しましだったことは、職を失っていなかったことでしょう。ギャンブルをやめろ！　買い物をやめろ！　飲みに行くのをやめろ！　レコードを買うのをやめろ！　そんな声が自分の内側から聞こえてきました。

でも、そんな風にすべてをやめたら、生きている意味もなくなってしまうし、やめるなんてできない！　イヤだ！　と猛反対する内側の自分もいました。自分の内側の声、うるさいっと怒鳴って、今のままでもなんとかならないか？　と考えることにしました。

そんなとき、1人のＦＸの先生に出会いました。**ＦＸをやみくもにやっても勝てないし、勝てない人はギャンブルになっている**と……。しかし、きちんと、勉強をすれば、勝てるようになるのだから、まずは、勉強をしましょう。と。まさに、今の私のことだぁ～と思って、先生に言われた通りに勉強することにしました。

【3．FXを少額からスタート→自由な人生を手に入れる】

あれだけ、負けていた私が負けなくなる！　というトレーディングスタイルに変わりました。勉強をすると、こんなにも違うものなのか？　特に、私は、頭で学ぶことが苦手だったので、カラダで覚える形のトレーディングスタイルに変えました。それは、何かというと、忘れもしない『デモトレード』でした。

まずは、自分の負けパターンを理解することと、チャートの丸暗記でした。

チャートの丸暗記は、未だに役に立っています。その先生がいなかったら、そんなチャートの丸暗記が必要なことも知りませんし、その丸暗記は、その後、**テクニカル分析**というものだったと分かります。これは、英語の勉強でも同じで、やみくもに英単語を覚えても、文法のルールを知らないと話せるようにはなりません。

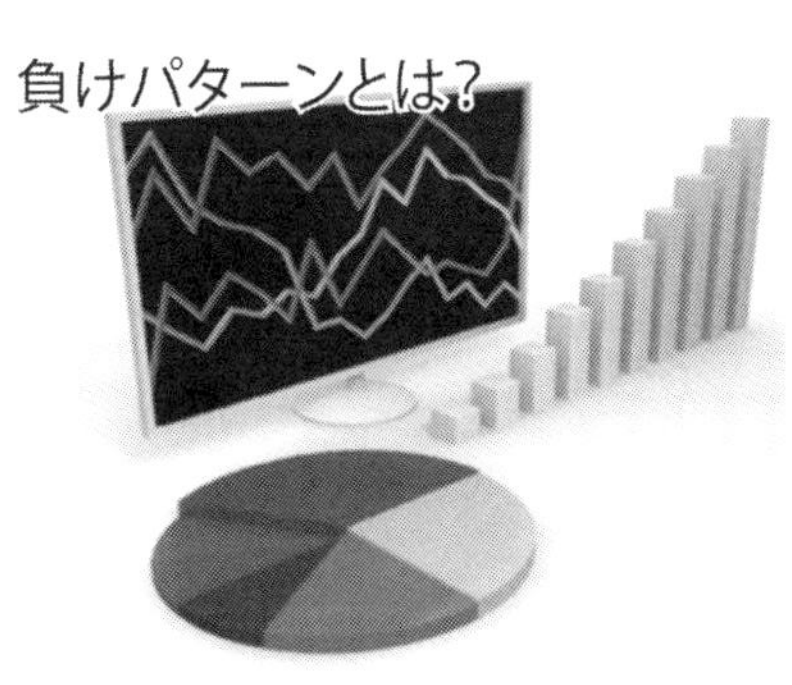

単語を羅列して、ボディーランゲージで意志疎通はできるかもしれませんが、電話だったら、通じません。それに、通じたとしても、すぐには通じないし、理解するのに時間もかかります。間違えた解釈をさせることもあるでしょう。何種類かの、回答を合っているか確認して、やっと正解を見つけるなど……。

初心者はそれでも良いかもしれませんが、単語を覚えたら、次は文法を覚えて、正しい英語を学べば、スムーズなコミュニケーションが取れるようになるのと似ています。こうして、**先生に言われたチャートを丸暗記**して、**負けパターンを分析**し、そして、**負けない方法を実践**する、という基本に忠実に私は、とにかく言われた通りにしました。

それは、後がなかったからです。ＦＸを学ぶまでは、なんともしょっぱい人生でしたが、今の私はＦＸのおかげで自由を手に入れました。もしも、コンビニ店員で時間に拘束されていなければ、パチンコやスロットをしていたかもしれませ

ん。すると、いくら、勝ち組になっても労働収入です。しかし、今の私は、**1日のトレード時間は、1時間**です。1日中、画面にビタっと張り付いているトレーダーもいるようですが、私にはそのような時間がなかったので、ない時間のなかで、トレードで勝つ手法を身に付けることができたのです。

コンビニを辞めたらどうなったと思いますか？　トレードの時間は、1日1時間ですから、他の時間は自由なのです。何もすることがありません。朝、起きないでずっと寝ていても誰にも文句を言われません。満員電車に乗ることもありません。それなのにお金は増えていくのです。

お金が増えていく。これは、私の初めての体験でした。そして、お金が増えていくと心に余裕が生まれて、**お酒の量は減りました**。お酒の価格は、以前よりも一ケタ多く使っていますが、缶ビールを家飲みとか、ストリート飲みではありません。きちんと、お店に行ってお酒を飲めるようになりました。

【4．1日20万円を稼ぐなんて、コンビニ時代の月収】

驚いたことは、勉強後は、**1日に20万円を稼げる**ようになったことです。1日に20万円と言えば、コンビニのバイトの月給のようなものです。それをたった1日で稼げるようになったら、あなたは、人がどんな風に変わると思いますか？

私は、ずばり、人生に自信が持てるようになりました。もちろん、この1日に20万円稼ぐというのは、相場が良いとき、または、金種が多いときになりますが、それでも、その手法を知っているのと知らないのとでは違います。

それに月にたった1日だけ20万円を稼ぐことができれば、月給と同じですし、2回勝ったら、すぐに、月給の倍です。

毎月、倍、倍ゲームのようにお金が増えていくのですから、面白くて仕方ありません。それに、倍、倍ゲームのように増えたときには、金種の20万円は使わないで、勝った20万円でまた倍に増やします。そして、その勝った20万円で大きく勝負をかけるのです。

こうして安定トレードと勝負トレードを使いわけつつも、私はどんどん資産を増やしていきました。ＦＸを勉強してから、半年後には、**借金も全部返して**、投資金は、20万円程度だった金種から、夢の**１００万円**でトレードできるようになっていました。これは、人生の達成感と充実感となり、この頃から幸せを感じられるようになりました。

次は、**金種１０００万円**。１０００万円あれば、安定トレードだけでも、十分に暮らしていけます。これは、基礎の勉強をしたからこその応用という感じで、昔は、何も勉強しないでがむしゃらにトレードしていたと反省します。野球もサッカーもバスケも、なんとなくゲームのゴールは分かるからで、細かいルールを知らなければ、チームプレイにはなりません。

ＦＸも大衆の気持ちや流れを読んでトレードしていきます。そんなことも知らずにやみくもにトレードしていても勝てるわけがないのです。初心者の人は本当に勉強をして、ルールを知って、トレーニングをしてから、本番に臨んでください。私のような無駄な時間を過ごしたり、負けトレーダーになる必要もなくなりますから。

【5．値段を見ないで物が買える喜び】

ＤＪを目指していたので、とにかくレコードや機材を値段を見ないで買えるようになったことや、大人買いができるようになったことに幸せを感じます。すぐにタクシーに乗ったり、高級なスーパーでの日用品の買い物にも憧れがありました。コンビニで働いていたからこその、コンビニでは扱っていない、高級食材や高級なお菓子には興味がありました。

あとは、値段を見ないで洋服も買えるようになりました。特に、銀座の高級ブランドは、今までの少ない給料では手が届かなかったので、定期的に通いつめていて、気に入ったと思ったら買ってしまいます。

インターネットでも、1年に1回くらいですけれど、50万円分くらい、ドカッと買い物をしたりしてしまいます。それは、衝動というか、計画性のない本能に赴いた買い物なのですが……。あとは、基本的にはお酒が好きなので、家飲みではなくて、外にお酒を飲みに行けるようになりました。

お金持ちと言えば、別荘を持っているとか、お正月に海外旅行で過ごしているとか、ブラックカードを持っているというイメージがありますが、幸い、あまり、そういうことには興味がありませんでした。どちらかというと、日々の生活のなかで、値段を見ないで物を買ったり、高級ホテルにサクッと泊まれたり、３０００円以上のランチでも、ワインを飲みながら笑顔で食べられるような生活に憧れていました。

あとは、もともと、満員電車が嫌いで、コンビニのときは、原チャリ通勤でした。それが、タクシーに乗っても大丈夫な経済力になったことは満足です。あとは、あまり、気取った感じは好きではないし、気取るつもりもありませんが、オシャレなバーで飲んだり、自宅にワインセラーなんかがあると、イメージ的にはお金持ちな感じがしますが、私は、未だにＤＪ時代の名残でテキーラやカクテル系が好きなので、ワインには縁が遠いです。

やはり、身近なところで、大好きな楽曲を好きなだけ買えることが、一番の喜びです。大量買いをしたときには、ストレスもスカッと飛びますし、それまで努力してきた甲斐もあるな……。と。

【6．美味しいお酒が毎日飲める喜び】

毎日、お酒が飲めるようになったというと、結局、ＦＸ生活でもストレスでお酒を飲まずにはいられないのではないか？　とか、依存症なのではないか？　とも疑われそうですが、確かに、最近は、少し飲み過ぎかもしれません（笑）

しかし、コンビニ店員の頃と大きく違うお酒の飲み方としては、美味しいお酒を時間を気にせずに飲めるようになったことです。お酒の量も全く違います。昔は、缶ビールとか缶酎ハイのような添加物いっぱいの大量生産のお酒でも、とにかく、量を飲んで気をまぎらわせていました。当然、次の日には、頭が痛くなるようなそんなお酒の飲み方です。

ザルのように、ただ、飲むという感じで量を飲んでいました。しかし、今は、量は飲みませんし、缶ビールとか、缶酎ハイも飲みません。きちんと、良いところで酒造された酒蔵の店主の顔が分かるお酒とか、吟味されたお酒とか、ＢＡＲのＢＯＳＳが作ったオリジナルカクテルなど、とにかく、美味しいお酒を少したしなむという、（自分ではカッコイイ）飲み方に変わっています。良いお酒は、次の日頭が痛くなったりしません。もちろん、二日酔いもありません。おそらく、養命酒のような役割というか？　肝臓に負担をかけない程度の、血行促進、気分が良くなって免疫力アップという効果をもたらしているのではないでしょうか？

ですから、最近は、居酒屋で安いお酒を飲むと、具合が悪くなったり、翌日にお酒が残るので、そこまで酒好きというジャンルからは逸脱してしまったのかもしれません。お酒のつまみに美味しい食べ物を食べる……。イキなものをつまむ。この時間が絶好の楽しみになっています。

それから、私が基本的にトレードを行う意外な場所としてトイレがあります。何故トイレなのかというと、一人でも、友達と一緒にいても、必ず、定期的に訪れるトイレタイムに、チャートをチェックできるからです。チャートが悪ければ、そのまま、用をたして、サクッと席に戻り、チャートが良かったら、トレードを仕掛けてから席に戻ります。

友達の目の前でトレードをしていると「オイッ。何やってるんだよっ！」と怒られてしまいそうですが、トイレが少し長い分には「大きいほうをしているのかな？」とか、「おめかしをしているのかな？」とか、電話が入ったかな？というレベルで、そこまで相手を待たせることもありませんので、まさか、トイレトレードをしているとは思われないでしょう。

このトイレトレードは、コンビニ店員のときに習得したものです。さすがに、いくら、スマホでトレードができる時代になったからといって、バイトの時間にチャートを見ながらトレードをするわけにはいきません。ですから、自分のトイレの時間にサクッとチャートを見てトレードをしていたのです。

タバコも吸っていたので、タバコ休憩のときにもトレードをしていましたが、タバコを吸う頻度が高くて、トレードで一喜一憂する時間も疲れてしまうことが分かりました。それからは、タバコ休憩のときは、ゆっくりと休むだけにしました。トイレトレードなら、タバコよりも行く頻度が少なく、適度なトレードタイムも作れて習慣となりました。

お酒を飲みながらの隙間時間も、有効にトレードに活かせるわけです。それで、20万円稼げたときには、ほくそ笑むしかありません。

第2章

コンビニ店員からトレーダーになるまで

【1．コンビニ店員からＦＸトレーダーに華麗なる転身】

今でこそ、年収１２００万円はキープして稼げるようになった私ですが、コンビニ店員から今のような勝ち組トレーダーになるまでには、いくつかの転機がありました。

時代1　はちゃめちゃトレード　あるがまま
時代2　欲を出して負けまくるトレード
時代3　借金地獄トレード
時代4　基本的知識の習得　デモトレード
時代5　負けパターンの分析　自分のトレードパターンを知る
時代6　テクニカル分析　デモトレード
時代7　負けないトレード実践
時代8　安定トレードの発見
時代9　リスクを極限まで減らした勝負トレードの発見
時代10　勝ち組トレーダーとして転身

つまりは、時代9までは、負けていたということです。しかし、その負けを勉強の糧だと思い直して新しい自分を構築して、最終的には、負けない、勝ち組トレーダーに転身できました。そして、勝ち組トレーダーになり、ある程度の金種があれば『FX』だけでも生活をしていけることまでできるようになると知りました。

ルールも知らずに調子に乗っていた頃は、レバレッジもハイレバでした。勉強をしていないので、自分では、ちっとも分かっていませんでした。むしろ、レバレッジは抑えている方だと思っているくらいでした。そのレバレッジについて、深く知り、いくらの金種でいくら稼ぐのが妥当か？　見当がつくようになりました。その方法は「**第3章　負け組から勝ち組トレーダーに転身6．大発見　積立や定期貯金よりもどんどんお金が増えていく方法**」にて詳しくお伝えしますので、是非、一緒に真似してみてください。

次に、先生に学ぶことにより、自分のトレード方法の中で、必ず負ける時のパターンもあることを学びました。これは、非常に不思議なことですが、確かに検証してみると、いつも同じパターンで負けているのです。とても面白いです。例えば、あなたも『FX』

に挑戦してみて、負けて、少し、『ＦＸ』から離れて、またほとぼりが冷めたころに挑戦して、また、負けて、そして、また、ほとぼりが冷めた頃に挑戦したとします。

勝つこともあり、負けることもあり、そして、勝っていたら、継続をして、最終的には、負けが増えて、損切またはロスカットにあって、退散、または、退場……。という繰り返しだと思います。勝っているときはいいんです。勝っているわけですから、調子に乗ります。でも、負けたときに、今まで勝っていた分の全てを失ってしまうのが大半です。

例えば、コツコツと4～5万円まで勝って、調子がいいぞー。と思っていたけれど、いきなり、10万円負けるなどです。心当たりはありますか？　本当の初心者であれば、自分が、こういう動きになっているから、次は、上がるだろう！　と予測して勝負をかけると必ず、下がり、ずっと、下がっているから、このまま下がるだろうと思ったら、上がってしまう……なんていう逆のパターンもあります。

つまり、そのような自分の負けパターンを知ると、自分が上がるだろう！　と思ったときは、下がる方に、だったら、自分が上がるだろう！　と思ったときには買わないで売るトレードに変えることで、勝てるようになるのです。よく、初心者で、上がると思えば、下がるし、下がると思うと必ず上がるという人がいます。こういう人は、次から逆にトレードしてみると勝てるように変わることがあります。でも、この潜在意識のパターンを知っても、意識した途端そのパターン化された直感も鈍ってしまいますので、やはり、直感だけを頼りにするトレードは危険です。

同じ負けパターンにはまる前に、テクニカル分析をしっかりとして、テクニカル分析のパターンと自分の負けパターンの分析を手掛かりにトレードする方がうまくいきます。

だけど、この潜在意識で感じる直感というのは、テクニカル分析も知った上で使うと、直感も冴え冴えになることがあって面白いです。だから、チャートによるテクニカル分析を欠かさず、どちらも伴わせたら最強ですね？　チャートによる丸暗記はこのために必要でした。この本では、あなたも丸暗記ができるように「**第2章　コンビニ店員からトレーダーになるまで5．やっぱり、勉強が大切だった**」で教えますので、是非、基礎の基礎ではありますが、あなたのトレードに活かしていただけましたら幸いです。

【2. 長時間労働の不自由な生活から発見！】

それでは、長時間労働の不自由な生活から発見した、奇跡の貯金術をお伝えします。この手法は宝探しのように発見しないといけません。宝がないときもありますが、宝があるときもあります。この方法であれば、最初にセットするだけで、良いので初心者でも簡単にできます。

これを知ってから、時代7の負けないトレーダーへと着々と理解を深めていきました。その方法が『スワップ（金利）』で稼ぐ方法でした。私は、コンビニ店員の時、長時間、トレードの画面を眺めてチャンスをうかがっている時間はありませんでした。この方法は一度の設定で毎日コツコツ、打ち出の小槌のようにお金が入ってきます。

スワップ（金利）とは

スワップ（金利）とは、２つの国の通貨の「金利差」で収入を得る方法です。日本の銀行の金利があまりに安いので、ピンとこない人は多いと思いますが……。例えば、日本でも銀行に預けておくだけで、金利が7％もらえる時代がありました。金利7％ということは、100万円を預けておくと、107万円になるということです。1億円預けていたら1億700万円になるということで、何もしないで700万円の金利がもらえた時代です。バブルですね？

そして、実際に、FXのスワップ（金利）で5000万円ずつ預けて、毎日平均23・5万円ずつの収入を得て、月利21％で、1年後には合計2億5260万円になってしまった人がいます。

これは、FXにおける『金利の低い通貨』から『金利の高い通貨』へ交換することで、差額のスワップ金利を毎日受け取ることができる手法を使っています。その方法は、低金利の通貨を見つけて売り、高金利の通貨を見つけて買うだけです。高金利の通貨を売る場合は、低金利の通貨を見つけて買います。どちらでも、毎日、差額分のスワップ金利の支払いが発生します。

こちらの具体的な設定方法は「**第3章　負け組から勝ち組トレーダーに転身 6．大発見　積立や定期貯金よりもどんどんお金が増えていく方法**」にてお伝えします。

注意点1　同一通貨で行った場合

同一通貨で行った場合は、同一通貨ペアの買いと売りを同時に仕掛けることになります。そうなると、それぞれのポジションが損益を相殺し合うので、為替変動によるリスクを理論上無効化できるのです。

その方法を『買いポジション』と『売りポジション』のスワップ金利の受取りと支払いの差額がプラスである通貨ペアで活用すると、相場変動を気にせずに、毎日金利収入が狙える手法となります。

注意点2　日々のスワップ金利は必ずチェック

必ず日々のスワップ金利は、チェックするようにしてください。この時にデイトレードのようにトレードをする必要はありません。今日もいくら入ったかな？　という楽しみとして……というわけでもなくて、為替の変動や金利の変動で、仕切り直しが必要でないか？　をチェックすることになります。詳細は「**第3章　負け組から勝ち組トレーダーに転身6．大発見　積立や定期貯金よりもどんどんお金が増えていく方法**」にて……

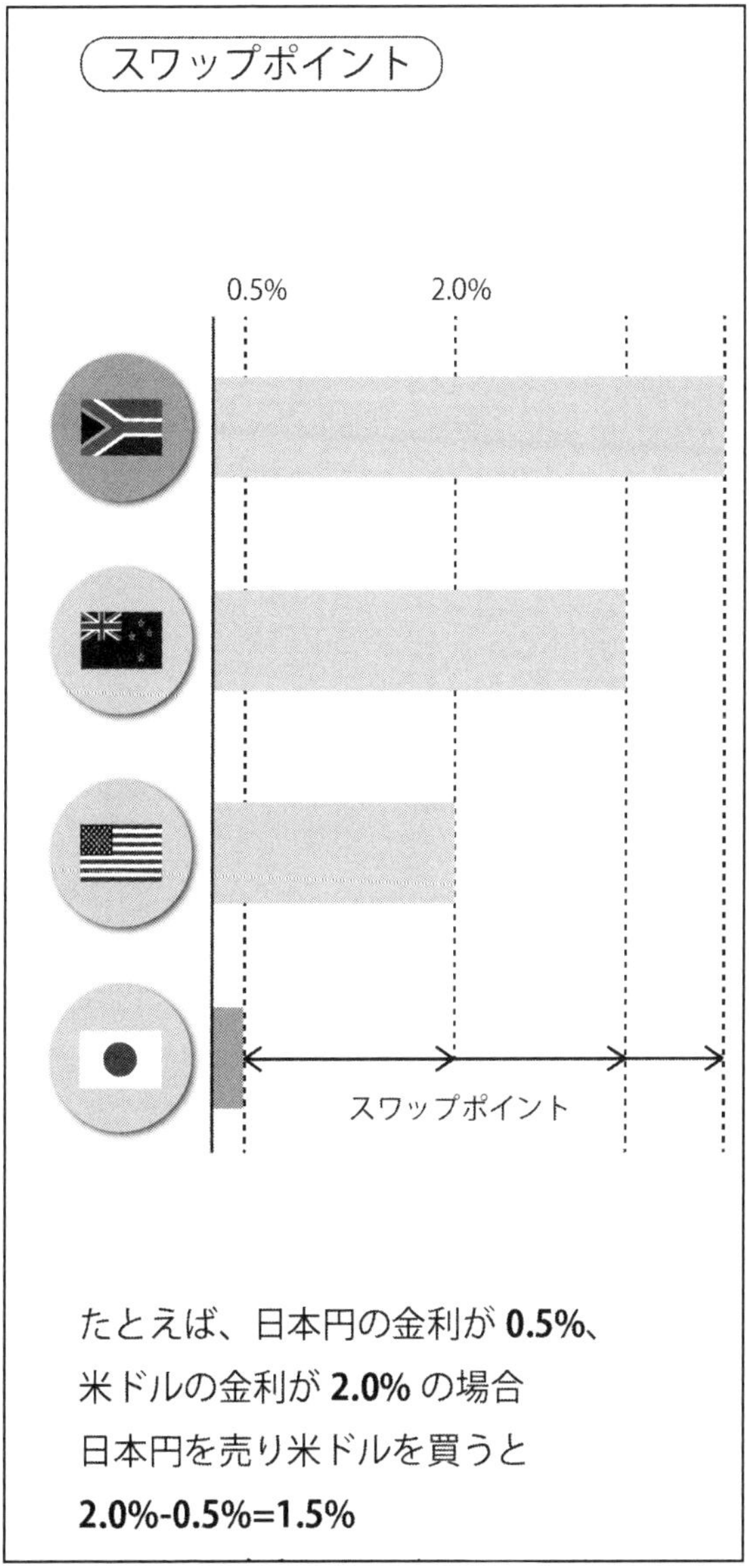

【3．ドキドキの初トレードは簡単な気分に】

振り返れば、時代1のドキドキの初トレードのときは、何のテクニカル分析も知らずにただ、その場でそのときの気分でトレードをしていました。まさに、運しだいトレードです。

安く買って高く売りましょう♪
高く売って安く買い戻しましょう♪

コツは、チャートが低いときに買って、高くなったら売るのです。そして、チャートが高いときに売って、安くなったら買い戻すのです。

「なるほど、なるほど。そうか、そうか。分かる、分かる。」雑誌に載っている情報で買い方も、売り方も理解したし、どこで買ってどこで売るのか？　そして、どこで売って、どこで買い戻すのかも理解しました。

「できる！　これならできる！　簡単だ！」

として、ドキドキの初トレードで、ファーストラックか、最初の10万円が……102円で買って、ドッキドキの3分間くらいで103円まで、上がったり下がったりしつつもギュギュギュギュギュと上がって、ドン！　103円に到達して決済をクリックしました。

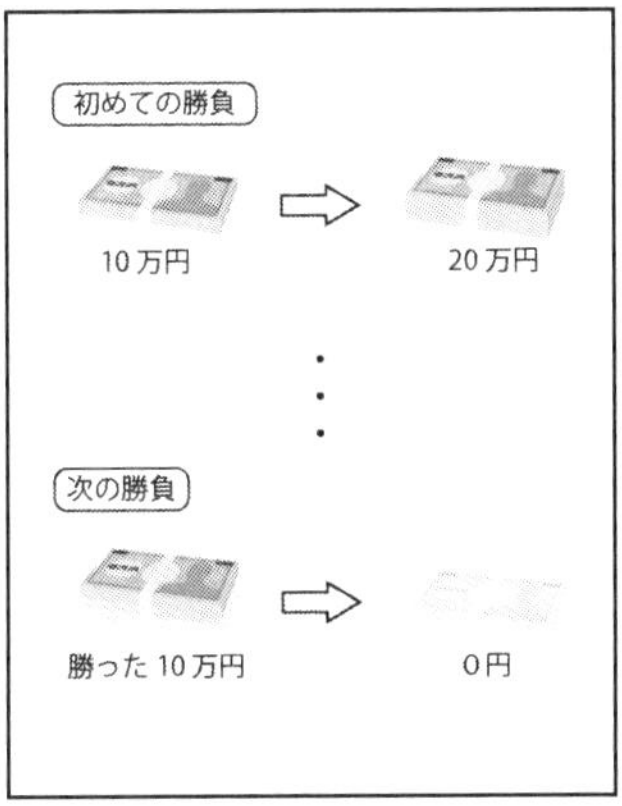

10万円勝っていました。これには目玉が飛び出ました。鼻の穴も広がって、大興奮で鼻血が出るかと思うほど驚きました。喜んだのも束の間……これが、悪魔のささやきだったのかもしれません。今度は、勝った10万円を全部つっこんで、フルレバで勝負をかけました。そして、簡単に玉砕です。

初日に大勝ちと大負けを経験した私は、どちらにしても、金種は生きていたので、これなら自分の人生を変えられるかも♪　と思ってしまったのです。きっと漫画だったら、負けているのに、私の目は輝いて描かれていたことでしょう。

【4．勉強しないで直感トレードでボロ負けに】

トレードで勝つために必要な要素は、決して直感ではオススメしません。直感を生かすとしたら、それは、自分のパターンを知ることにおいてです。

A．自分らしいトレードルール
B．金種を失わない優れた資金管理
C．メンタルに左右されないトレードスタイル

この3点で、私は、ボロ負けの直感トレーダーから卒業しました。

これらのどれが欠けても、勝ち組みトレーダーには転身できません。勝ち組トレーダーは、勝ち続けること、負けないトレーダーになることだからです。大勝ちしたり、大負けすることを卒業するように意識してから、私は変わりました。

1	通貨ペア	
2	エントリーと 決済日時	
3	勝敗 （損益額）	
4	エントリー したときの感情	
5	失敗したときの 理由	
6	エントリーしたときのチャートの画像 （日足、4時間足、1時間足）	

A．自分らしいトレードルール

それでは、自分らしいトレードルールを知るためにも、今日からは、1冊ノートを用意して、あなたのトレード記録をメモしていくようにしてください。

トレード記録に必要な情報は表の通りです。

このトレード記録は必ず見直すようにしてください。特に、負けたときの感情の変化を見ると、自分のトレードスタイルが明らかになります。２回連続で勝ったから、次も勝てる気になっていたり、調子に乗ってドツボっているパターンを繰り返しているとか、何の分析もなく、ただ、やみくもに『勘』に頼ってエントリーした、などが分かります。

いかに、自分が曖昧な人間なのか？　いい加減な人間なのか？　それとも、チャートを読み間違える人間なのか？　それとも、常に逆を読んでしまう人間なのか？　天邪鬼なのか？　負けるときだけの共通点が見えてきます。

特に、テクニカル分析を覚えた後は、何のパターンもないチャートでエントリーしていますから、だんだん、その自分のパターンを知るのも面白くなってきたらしめたものです。トレードをしたり、しなかったりする人も、３年間で見直してみると自分がやる気になるときとか、負けてしばらくしてから、気を取り直して、もう一度始める期間などのパターンも分かるようになるかもです。

私は、１週間ごとにメモを取って分析をして、１か月ごとに見直して、最後は、１年分を見直して、今、５年分のトレード実績が記録されました。こんなに気長に続けられたのは、勝てるトレーダーになったからではありません。コンビニ店員だったときから、本当に身体が動かなくなってしまったときまでに、ＦＸで生計を立てられるようになればいいなぁ。と考えていたからでした。

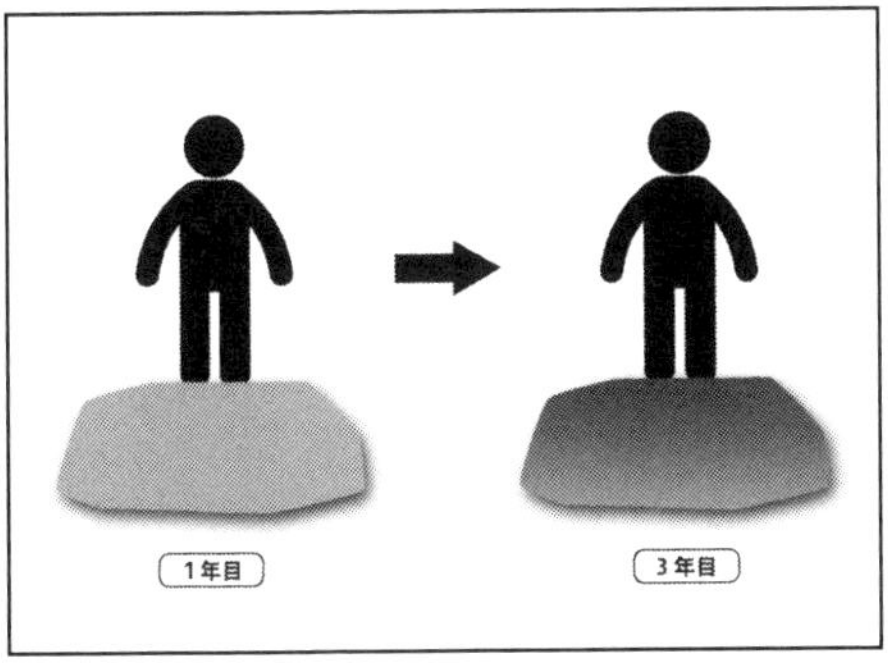

何事も、石の上にも３年です。もしも、定年退職をしてから、ＦＸを始めたのではもう遅いと思いませんか？　今は、過酷といえども、まだ、カラダが動き働けます。今のうちに負けを知ることは、勝ちを知ることだともいえます。しかし、その記録をつけずに、分析も見直しもしなかったら、負けは、ただ、お金をドブに捨てているのと一緒です。

年をとって、カラダが動かなくなっても、自分たちは、生きていかないといけません。年金が少なく、自分で年金を稼ぐために、ＦＸや株を始めるお年寄りもいるかもしれません。でも、そのときに負けていたら、本当に怖いし、地獄です。だから、私は、そのときまでには、勝てるトレーダーでありたいと思っていたのです。

だから、一喜一憂しつつも、気長に諦めないでトレードし続けることができました。もう1つ、私は、自己分析をして変えたトレードスタイルがあります。私は、負けている頃は、『デイトレード』をしていましたが、今は、負けたくないので、『スイングトレード』に変えたことです。

そして、なんと、毎日のトレードプランを立ててからトレードをするようになったことです。こんな面倒くさいことをするとは自分でも思いませんでしたが、やってみると、大して時間を取られるわけでもなく、思ったよりも、役に立ったので、その重要性が分かります。昔は、お金をもらってでもやりたくないと思っていましたが、今では、お金を払ってでも、その時間を確保させてくださいと言いたいです。

私がどのように毎日のトレードプランを立てていたか？　を初心者の人の参考にもなるかと思いますので、お伝え致します。私は、まず、朝起きると、日足↓4時間足↓1時間足のチャートを見ながら

・トレンド
・サポートライン
・レジスタンスライン

をチェックします。

そして、エントリーする価格と、ロウソク足のパターン、どの時間軸でトレードをするのか？　そのパターンを決めます。このトレードプランに従って、トレードを行います。そして、1日の終わりに、自分のトレードプランが正しかったのか？　実際のチャートの動きと比べて、結果を分析します。

これを毎日行うことで、私は、トレードをカラダに染みつけて覚えられるようにな

りました。話だけを聞いていると、すごく面倒くさいように感じるかもしれませんが、分析なんて、３分もあれば、十分に比較検討できますから、大した作業量ではありません。

それから、テクニカルチャートは何を使ったら良いのか？　聞かれますが、トレードは市場心理になりますから、もっと多くの人に使われていると、スタンダードなものをオススメします。

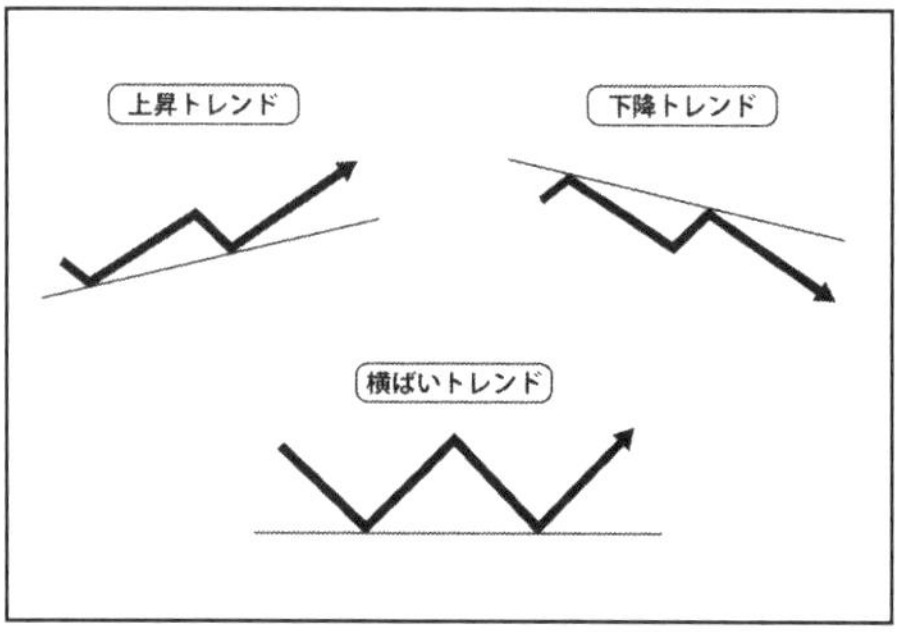

この３つのポイントを知らない初心者の人のために、一応、説明をしておきます。

『トレンド』とは、相場における　価格の動く方向や、流れのことになります。トレンドには『上昇』と『下降』と『横ばい（レンジ）』の３種類があります。勝負のときは、このトレンドの波に乗りましょう。しかし、１つ問題があるとしたら、15分足と４時間足ではトレンドが違ったりすることがあることで、15分足は小さい波です。日足は、大きい波です。小さい波は、15分足での方が先に現れやすいです。

勝負のときが上昇トレンドだったら、初心者は、上昇トレンドの波に乗ってトレードするようにしておきましょう。そこで、15分足が、上昇トレンドになったとしても、日足が下降トレンドであれば、15分足では、下降トレンドの戻りに過ぎません。また、下降してしまう恐れがあります。つまり、だましと見ることができます。この手にひっかからないようになったのが、僕のトレードスタイルを変えるきっかけとなりました。

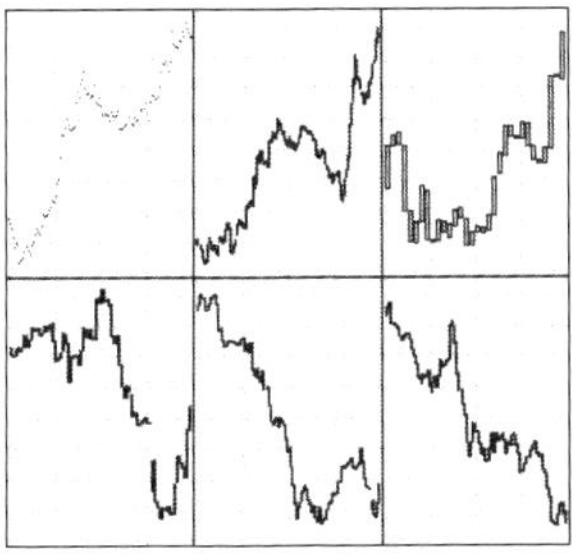

デイトレーダーの頃の私のトレードスタイルは、日足→4時間足→1時間足→15分足とチャートをチェックして、トレンド方向を確認して、最終的には15分足でトレードしていたのです。しかし、今は、15分足は見ていません。それは、1分足だと変な動きをすることが多いからです。変な動きに惑わされてしまう私の性格を考慮して、トレードスタイルを変えたのです。チャートを読むのが苦手な人ほど、チャートは単純化して、そ

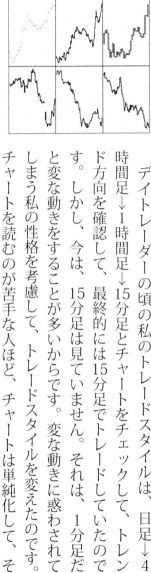

の単純化にあったトレードを実践することをオススメします。

トレンドが分かったら次は、サポートラインをチェックします。

『**サポートライン**』とは、チャートの中で安値止まりに水平線を引けるラインのことです。サポートラインは多くのトレーダーが、相場の基準にするポイントなので、サポートライン前後までは、価格が下落し、その後、買い戻しが入りやすく、それ以下には、価格が下がりにくい目安です。

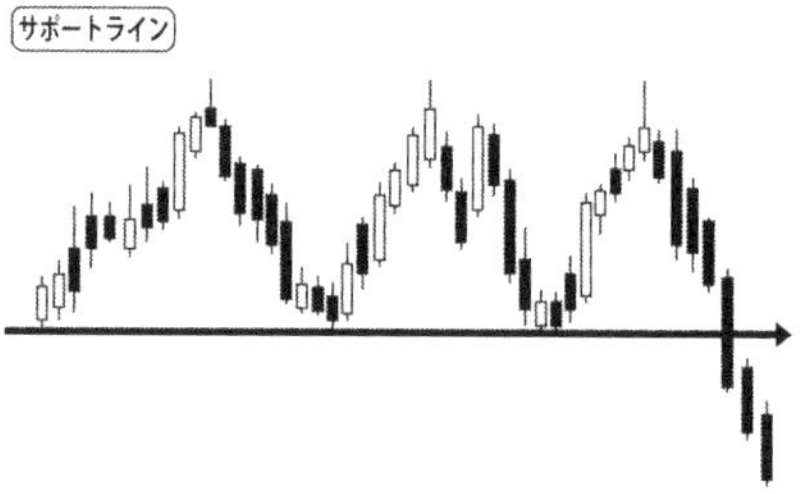

サポートラインが分かると、そのポイントを基準に、2回、3回と同じ価格前後で買い戻されるダブルボトムやトリプルボトムといった値動きのチャートを覚えられます。このチャートは丸暗記しておきましょう♪

そして、ここからが面白いのですが、ひとたび、このサポートラインを超えて、どんどん価格が下落して突き抜けていくと、そのまま大きく価格が下落する傾向にあります。そこで、超えた！　と思ったら短期の勝負トレードができます。

これは、どんな市場心理が働いているか？　というと、サポートラインの前後において買いでトレードしていた人が、一斉に損切決済をしたり、この波に参入しようと新しいトレーダーが売りでトレードすることで、どっと売りの注文が増えて、俗に『**ナイアガラ**』と呼ばれる別名があるくらいに大暴落風に下がることもあるのです。

ですから、このサポートラインは抑えておきましょう！

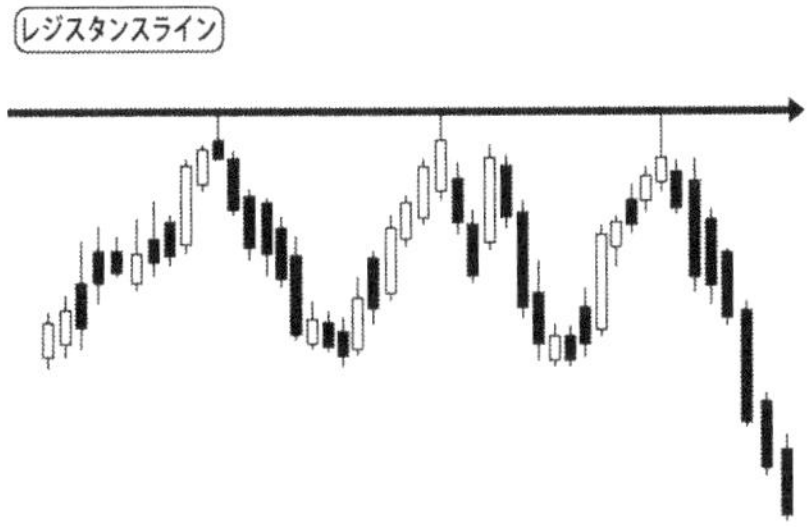

次は『**レジスタンスライン**』の説明です。

『レジスタンスライン』とは、さきほどのサポートラインを丸暗記できれば、その逆のパターンのことになりますので簡単です。つまり、何度も、止められる高値のポイントに引く水平線のことをいいます。こちらは、2回、3回と何度も価格がそのポイントで止まって戻ってくるラインで、ダブルトップやトリプルトップとなって、そこを抜けると、どどどどぉ～と価格が上昇する傾向があります。

すると、レジスタンスラインの前後で売りでトレードしているトレーダーは、一斉に損切りをしたり、新しい投資家がその波に乗ろうと、買いでトレードを入れてくることで、一気に価格が急上昇することになります。また、買い遅れや売り遅れたトレーダーが『押し目買い』や『戻り売り』の目安としているポイントにもなっていると考えられます。

B. 金種を失わない優れた資金管理

もしも、自分のトレードルールが分かったとしても、優れた資金管理ができなければ、金種を失い、ゲームオーバーになってしまうこともあります。私のように、それが借金地獄のさなかであれば、人生そのものが終わったような気持ちになってしまうことでしょう。

資金管理について、必ずいえることは、まず、少額でトレー

ドしていくことと、金種を失わない方法をとることです。金種を増やすまでは、勝負はかけないで、金種が倍に増えたときに勝負をしても良いかと思います。時間的リスクを考える人もいますが、デモトレードで練習する時間も必要だと思いますので、デモトレードでも、最初は、20円とか30円とかの勝負をしてみるのはいかがでしょうか？

最初から、1日1万円とか、最初から月100万円を狙わないことです。最初は、10円でも良いから、本当にコンスタントに勝ち続けることです。負けないことです。それでも負けるのですから、そうしたら、自分の負けパターンを知ることができます。本当に金種を失ってしまったら、勝負もかけられないのですから気をつけましょう。

資金管理だけはしっかりと身につけてください。また、急にトレンドが変わったときにも、ロスカットをしなければ、今まで勝ち続けていた何十日分も一気に失うことになってしまいます。資金管理を行う方法は、金種を失わないトレードスタイルプラス、毎日のトレードプランを作ることです。

優れた資金管理には3つの要素が必要です。

①金種をゼロにしない資金管理
②安定トレード　負けないトレード
③勝負トレード　リスクは少なく大きく勝つトレード

①金種をゼロにしない資金管理

金種をゼロにしない資金管理をするためには、全額全部を投資しないことです。倍に増えたら、その倍に増えた分だけは全額投資しても良いですが、そのとき、同じ金額分の金種が残っていることになります。

では、勝負をしない、安定トレードのときは、どのくらいのリスクでトレードをするルールにしているのか？　これは、あくまでも私の方法になりますが、私が負けなくなったのはこのルールのおかげです。

通常は、リスクと考えるのは、証拠金の何％を使ってトレードをするか？　ということになります。

それ以前に、自分の財産のうち、どれくらいを証拠金につぎ込むか？　という問題もありますが、この証拠金は多ければ多いほど負けにくくなりますが、自分の預金の10％からでも良いのではないでしょうか？　そして、トレードのときは、証拠金に入れているお金の１％～２％を目安にします。

つまり、１０００万円の貯金がある人は、１００万円だけを証拠金として入れて、その１％～２％のリスクを背負うということは、１万円から２万円のリスクの範囲のトレードを行うことが安定トレードだと私は思います。私は、このようなことを知らずに、最初は、全所持金が10万円しかなかったのに、10万円を全部投資して、フルレバで取引をしたりしていました。

たまたま、ファーストラックで倍に増えたので、２回目は、その10万円で同じく全額投資のフルレバで、完敗しました。もしも、これが、増えたお金ではなくて、金種で実践していたら、今頃、この世界から退場していたかもしれません。ＦＸのバカ野郎といって、ＦＸ嫌いになっていたことでしょう。金種はどうしても必要なことですので守ってください。

1％～2％なんて少ないと感じる方も多いかと思います。しかし、5％以上にするのはやめた方が良いでしょう。

最新の方法といって、全額をドカンとフルレバでかけて、1日にありえない金額を儲けているといって目立っている人もいますが、そういう人は、証券会社が後ろについて、証券会社が儲かる仕組みだったりします。騙されないようにしましょう。

甘い言葉で、簡単に高額勝てるようにうたって、結局は初心者があっという間に負けて、証券会社が稼ぎ、そのトレーダーも紹介手数料をもらっているのです。あなたが生活に困らない金額の1％～2％ずつトレードしてください。

②安定トレード　負けないトレード

こちらは第4章「安定&勝負トレードで資産を増やす」　6．安定トレードと勝負トレードで資産を増やす　にて詳しくお伝え致します。

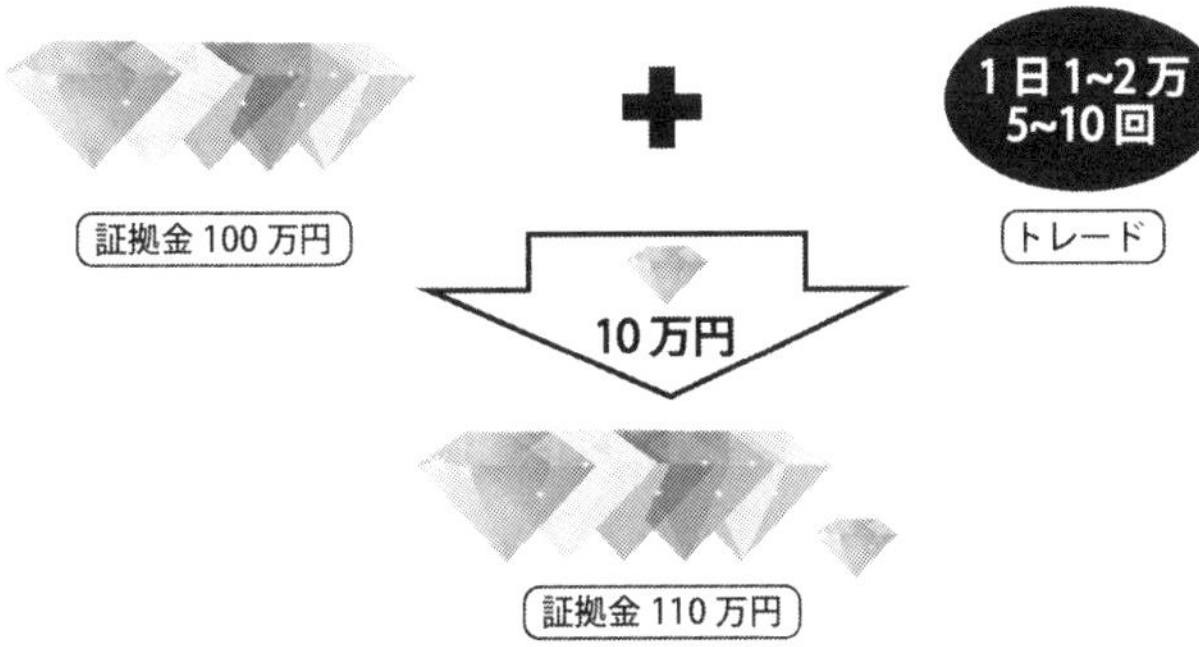

③勝負トレード　リスクは少なく大きく勝つトレード

こちらは何度かお話ししている通り、倍に増えたら、増えた金額分で勝負をする方法です。これなら、負けても金種は失いません。

増えた金額が倍になったら、その増えた分をフルレバでトレードしたっていいんです。やはり、いつでもコツコツしていいては、資産の少ない人はなかなか増やせませんから、ときには、勝負をしながら、徐々に安定トレードの金額も増やしていきましょう♪

また、勝つときに資産を増やす方法ですが、これはずばり複利で増やす方法です。資産が増えた分だけリスクも高くなりますが、複利を使えば、お金の増え方が違いますから意識してみてください。証拠金が100万円だったら、1日に1～2万円のトレードを5回～10回くらい行ったとして、合計10万円が増えたとします。証拠金が110万円になります。

次は、1・1万円～2・2万円のトレードを5～10回くらい行って、11万円が増えます。次は、121万円の証拠金になるので、1・2～2・4万円のトレードを5～10回行って、12万円増えます。そうすると、合計が133万円に増えていきます。

但し、連敗して、証拠金が減ったときには、トレードをする金額も減らしてください。倍・倍の法則で、負けないで勝ち戻す、というようなギャンブラー手法もありますが、ＦＸの場合は、ギャンブルとは違いますから、頑張って取り戻そうとするよりは、トータルで勝つ手法を選びましょう。

最初は、資金も少なくて、こんな小さい額のトレードなんてやってられるかっ！　だったら、アルバイトしている方がよっぽど稼げるわっ！　とお怒りになる方もいらっしゃることでしょう。

でも、1円をバカにするものは、1円に泣くということわざがありますように、1

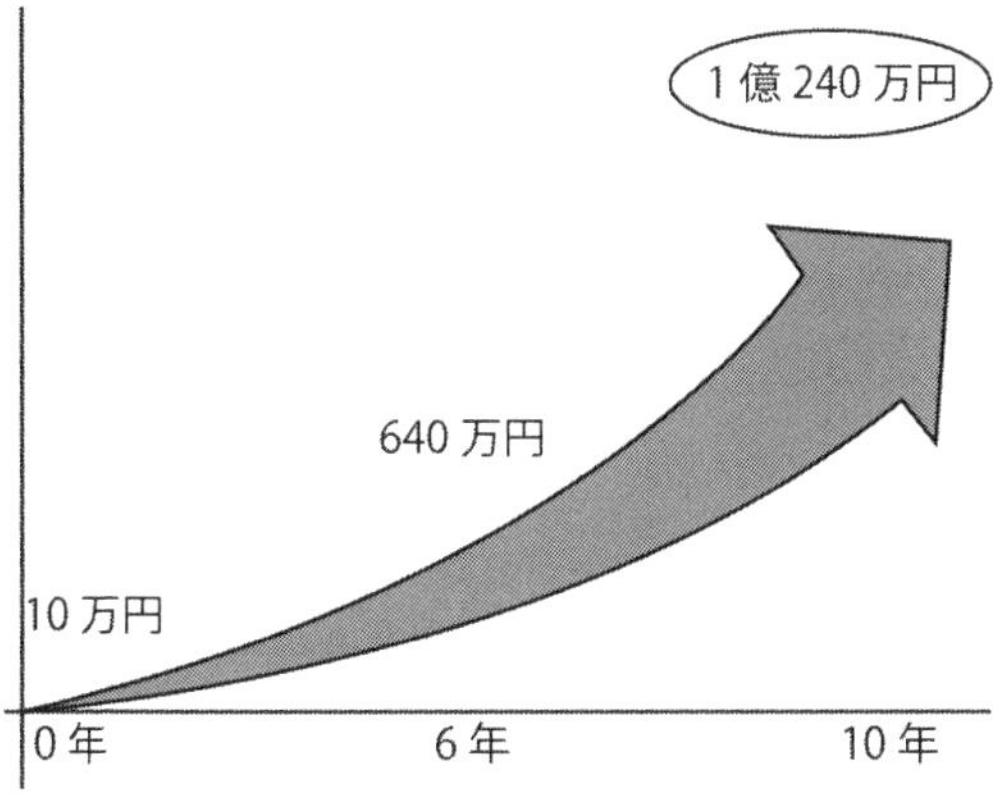

円だったとしても、道になかなか落ちているものではありません。銀行の預金だって0・02%ですからね。

それに、アルバイトだったらいつまで経っても労働収入です。最初はアルバイトよりも小さな金額かもしれませんが、そこはバカにしないで謙虚な気持ちで未来をみてください。

複利を使うと、1年間で2倍になるトレードなら10年後にはミリオネアにも変身できる可能性があるのです。

10万円が……

1年目20万円
2年目40万円
3年目80万円
4年目160万円
5年目320万円
6年目640万円
7年目1280万円
8年目2560万円
9年目5120万円
10年目1億240万円

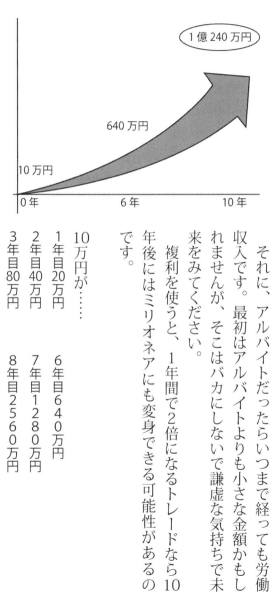

こちらは、理論上の増え方ではありますが、ベテランの域に到達すると思いませんか？　アルバイトを10年続けても1億円は稼げませんよね？　そして、1億円があれば、その利息だけで何もせずに暮らしていくことができます。お金が自分の代わりに働いてくれるのです。そんな生活は私の憧れです。1円をバカにするものは1円で泣くように、目の前の小さな利益で損得を感じてバカにするものは、将来的に大損をするのです。あなたは、この本を読んだことで、利益損失せずに知識を得ましたので、後は、安定トレードで、1年で倍を目指してみてはいかがでしょうか？

5年間くらいは、バカバカしく思うかもしれませんが、そこからが勝負です。10年後、あなたは今のまま何も変わらなかったら何をしていますか？　税金も上がって、医療費も上がって、社会保険も上がって、物価も上がって、今と同じだけ稼いでいても余裕資金は減るばかりです。私もまだ、トレード歴は5年目ですが、３２０万円どころか、１０００万円まで増えています。

だから、是非、あなたもやれば、増やせます。負けることもありますが、負けるのもお勉強だと思って、証拠金さえ所持していけば最後は、自由になれます。私も、負けが続いたときは、コンビニ店員のアルバイトのお金を補てんしながら、なんとか金種を維持していたときもありました。相場から退場しなくて済むような資金管理ルールでトレードしましょう。

C．メンタルに左右されないトレードスタイル

あなたは、トレードルールも知り、優れた資金管理も知り、知識的には今、とても学んだことと思います。しかし、もしも、あなたのメンタルが弱かったり、エゴが強くてわがままだったりしたら、それらの知識を全くトレードに生かさない結果となってしまいます。

それだと、何の知識もなくて、我流でどんどんトレードをして負けていく人と一緒です。最初の頃の初心者の私と同じです。初心者の私は、何の知識もなくて、本当に行き当たりばったりトレードだったし、資金管理の『し』の字も知りませんでしたか

ら、ギャンブル的にＦＸをしていました。

今後、あなたが培うべき強靭なメンタルというのは、わがままとか、気が強いとか、意志が強いというようなものではありません。強靭なメンタルとは、必ずルールを守るメンタルが必要ということになります。

初心者の人は、デモトレードから始めてみてください。既に実践者の人であれば、是非、この３本柱を今一度振り返り、自分に足りないことは何か？　足りないことに気がついたら補うようにしてみてください。

私が、自分自身に強靭なメンタルを高めようと思った時に、実践したことが３つあります。

1．事実と感情をわける。感情移入しないでロボットになったつもりでトレードをしました。
2．姿勢をよくする　健康な肉体に健康な精神は宿るといわれているので、徹底的に姿勢にこだわりました。

3．トレードの記録をつける　失敗は成功のもと。といわれますように、自分の歴史を綴るかのように記録をつけて、分析することを忘れないようにしました。

この3つを実践していくと、何事にも揺るがない自分や、戦略通りの自分、計画通りの自分が作れて自信が持てるように変わりました。

もちろん、昔の自分は、こんなことは面倒くさくて、どれもやりたくありませんし、信じていませんでした。姿勢を良くして人生が変わるなら、みんなやってるわ！と思ってバカにしていたくらいです。

でも、お金がなくなって生きていくすべがなくなると、わらにもすがる思いで、姿勢を正して強靭なメンタルが作れるなら、お安い御用で！というくらいにホイホイと姿勢を正すことに専念できました。

本当にバカな自分というか、単純な自分で良かったといいますか？それが自分には当たったので、結果的には良かったです。

【5．やっぱり、勉強は大切だった】

私が、今、自由になれたのも『ＦＸ』について勉強したからだと思います。学校では習っていませんので、誰もが何もかも初体験で知らないことばかりです。どんなに歌がうまくても、基礎として発声の勉強をしたり、音楽について学んだりすると思います。ボイストレーニングの学校もありますし、それは、アナウンサーでも一緒です。

私達は、普通に話ができますし、歌だって歌えます。だけど、素人とプロの違いは、その専門家になることです。それで、お金をもらうことです。お金をもらえるようになるだけの勉強をしたり、トレーニングをしてはじめてプロとして価値が生まれます。

ですから『ＦＸ』も、それで稼げるようになりたければ、勉強やトレーニングなしで成功はないということです。音楽や発声の本は、コンビニでは買えませんが、当時は『ＦＸ』の本がたくさん並んでいました。私の勉強は、コンビニに並んでいる雑誌を読んで学ぶことから始めました。誰でも初心者ですから、分かりやすいもので学ぶと良いと思います。

専門家の人のアドバイスは素晴らしいのかもしれませんが、私には、難しすぎて、ちんぷんかんぷんでした。あまり難しい本だと、いくら専門的知識が満載でも、理解ができませんん。理解ができなければ、自信もわきませんし、自分にはできる気がしなかったと思います。

もしも、私が最初から、大学の勉強のような感じで難しく経済について学んでいたら、嫌いになっていたかもしれません。何よりも、今みたいに勝てなかったと思います。本当に、簡単で「できる気分にさせてくれた」「勝てる気分にさせてくれた」だから、私は雑誌に感謝しています。

あなたも基本的知識は、無料でいくらでも手に入れられると思います。『円高』『円安』『トレンド』などは、意識すれば、ニュースなどにもなっていますし『FX』に

慣れるためだったら、デモトレードで練習ができます。

だけど、勝てないでしょう。勝てるかもしれませんが、勝ち続けることの難しさを知るでしょう。勘に頼らずに、勉強して実践していくのが結局一番の良い方法なのです。私はその後、山崎毅先生に教えてもらって、急に勝てるように変わったのです。勉強は欠かせないと思います。

また、私の場合は、雑誌や、スクールなどから学んだトレード方法を、デモトレードでポチポチと試して練習をしていました。テクニカル分析とか、チャートの見方は、こういうのがあるんですよぉ～と教われれば、それを実際にデモ口座で再現して、ふむふむ。と実践していました。いくつかのテクニカル分析を組み合わせたり、本当にその手法が今の相場に合うのかなぁ？　などと試したりしていました。

それまでの私は、Moving Average（平均移動平行線）と呼ばれるものや、Bolinger Bands（ボリンジャーバンド）、Parabolic SAR、Stochastic Oscillator など、一切、何も使わずに本当に勘だけでトレードしていました。しかし、それらのテクニカルを勉強してからは、変わりました。

勉強して改めて思うことは、過去の自分のトレード方法を『恐い』『おそろしい』と我ながら思うことです。向う見ずとも言えますし、何も知らないからこそできた無謀なトレードだったと思います。

しかし、『ＦＸ』で負けている多くの人がこの無謀なトレードをしているからこそ負けているのです。是非、そこに気がついて安定トレードと勝負トレードの組み合わせで、資産を築いていってください。

多くの人がこんなことも知らずにトレードしていたの？　と驚かれると思いますが、私と同じように、今もこのチャートのパターンも知らずにトレードしている方がいらっしゃいましたら是非、丸暗記してください。

こちらが、私が丸暗記したチャートになります。

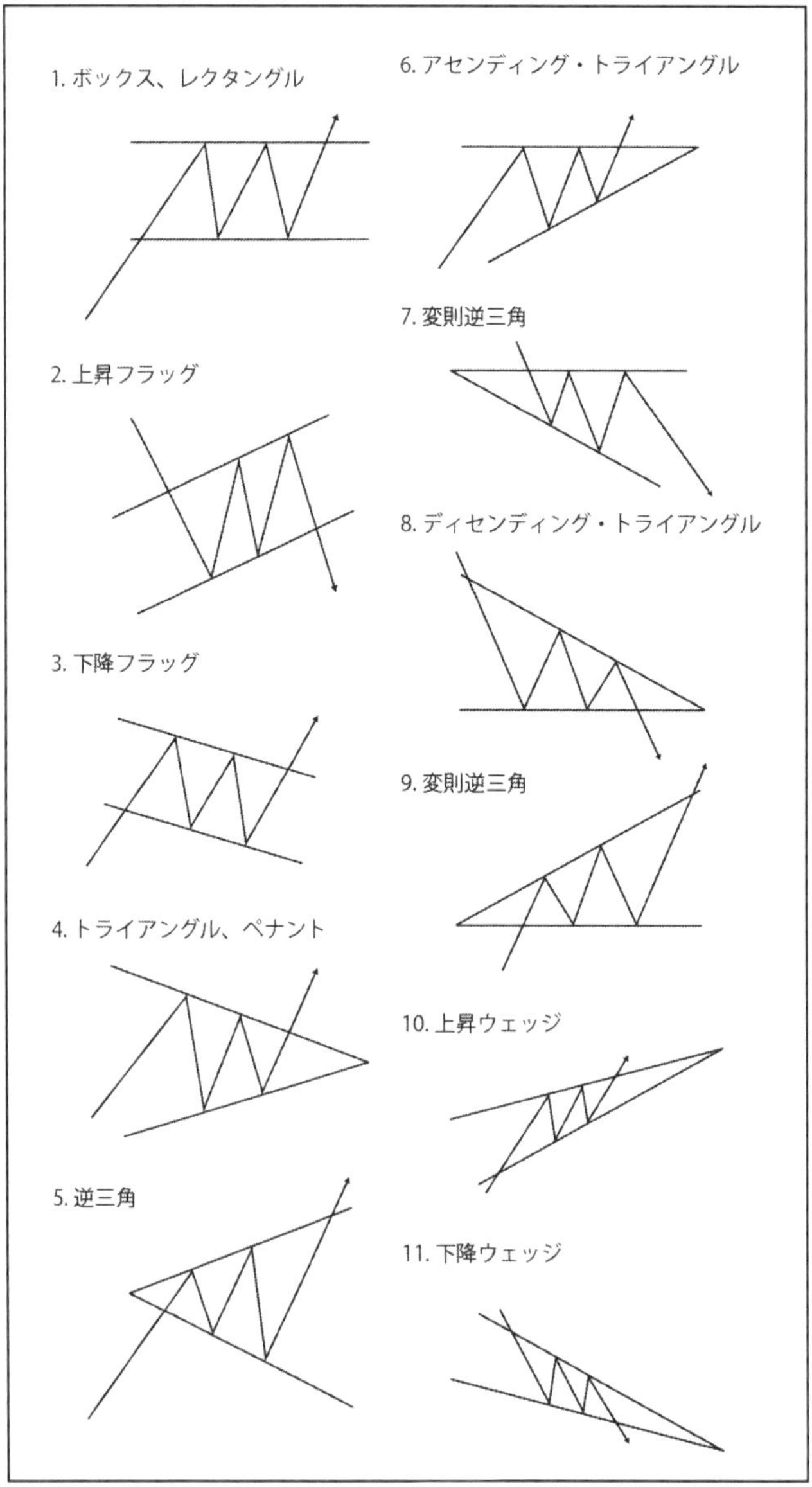

自転車と一緒で、ハンドルを握り、椅子に座って、ペダルをこぐ！　と頭では分かって、目の前で自転車に乗っている人達を見て、どのように運転する乗り物なのか？　が分かっても、いざ、初めて自転車に乗ると、その運転の仕方って分からないですよね？

みんな、ふらふらとして、1回や2回は転んだ人もいると思います。なんと『FX』もそれと同じで、頭の中でイメージした通りにはいかないのです。だから、みんな負けるのです。でも、この負けは、自転車に乗れるようになる前の段階ということです。転んでも起き上がり、転んでも起き上がり、最後は、あなたも自転車に乗れるようになったのではないでしょうか？

そして、調子に乗って、両手放しとか、両腕を組んでみたりして、最後は、転んで大けがをして、大反省をしたら、もう、そういう危険な乗り方は止めて、大人になったら、きちんとハンドルを持って、ペダルをしっかりと漕いでいませんか？

失敗しないと分からないことはたくさんあります。痛い思いをして学ぶのではないでしょうか？　自転車を乗れるまで諦めないで続けた理由はなんでしょうか？　それは、誰もが自転車には乗れると信じていたからではないでしょうか？　しかし、母親も父親も自転車には乗れなくて、自転車に乗るなんて難しいよ、自転車は危険だから乗らない方がいいよ、と教わっていたらどうでしょうか？

自転車に乗れるようになる前に、諦めていたと思いませんか？　自分にはできないのではないか？　やっぱりできない、本当に難しかった、自分には無理なんだっ！と思い込んでしまったと思いませんか？　つまり『ＦＸ』もきちんと勉強して、負けるトレードをしなくなれば、負けないトレードができるようになるのです。

でも、勉強もしないで、荒乗りをして、激しく転倒して、失敗を抱えて退散してしまうことは、恥ずかしいことではありません。おそらく、自転車にうまく乗れないときと同じで、多くの人が、本当に同じ失敗の経験をするのだと思います。最初にしない人は、後から大きく大失敗するかもしれません。失敗は、成功のもとといいます通り、失敗しながら、それも価値ある勉強だったのだと私は思います。

そして、もう1つ『FX』で負ける人が多い理由は、いくらでもトレードで練習をして、勝てるようになったとしても、本番で勝てるかどうか？　は、別の話になることです。でも、これも、ゴルフの練習だと思ってもらえば分かりやすいと思います。ゴルフはいくら練習場で何100回も練習をして、遠くまで飛ばせるようになったとしても、本番でうまくいくとは限りませんよね？

それは、練習場とグリーンでは、芝生も違いますし、ゴールまでカーブしていて直線ではなかったり、そのときに限って突然風が吹いたりして、それが、追い風になってグリーンまで飛ばしてくれることもあれば、横にそれでバンカーや池にボッチャンとしたり、その時々で変わるのです。同じコース場だったとしても、天候により左右したりします。

だからこそ、練習をするのです。カーブの練習もしたり、風が吹いているときはどうしたら良いか？　なども練習するでしょう。本番では、練習の成果がでないから、練習しない！　という判断にはなりませんよね？　練習が無駄になるから本番でしか練習しないという人も少ないかと思います。（海外だったらゴルフも安いから本番で練習もできるのかもしれませんが、日本では、よっぽどお金に余裕がある人じゃないとできないと思います。）このように、プロたちは、勉強をして、練習をして、体験を積んでいますから、それを忘れずに情報収集も、デモトレードも欠かさずに、お勉強してください。

私が勉強していなかったときは、ただ、チャートを見て、これは上がりそうだなっと思ったら買ったりしていました。それだと下がってきちゃったりします。勉強後は、そのようなトレードはなくなりました。上がりそうだな……ではなくて、下がらないパターンを覚えているのです。つまり、負けなくなったということです。負けることはあっても、トータルとして、負けなくなったということです。毎月20％～30％の利益は出ていることから、それだけ増えるトレードをしています。

第3章

負け組から勝ち組トレーダーに転身

【1．感情のコントロールにはここを注意した】

1日1時間のトレードのライフスタイルだと、努力とかいらないでしょう？　と言われたりします。でも、結構、感情のコントロールに気を使っています。

特に、安定トレードのときと、勝負トレードのときでは、感情のコントロールの仕方も違います。安定トレードのときは、とにかく、保守的な自分がいます。負けないことが重視なので慎重にトレードするかどうか？　を決めます。

勝負トレードでは、えいやっ！　と勝負をかけるので、ダイナミックな前向きな自分になっています。だけど、命をすり減らす思いでトレードしているのです。本当に命が縮むかと思うようなときもあるのです。それが、スリルでギャンブルのようで、興奮して、人生に刺激を与えて、楽しいでしょう？　ともいわれますが、それは、勝ったときだけの話です。

負けたときは、やはり、どっと落ち込みますし、残念な気持ちになります。そして、もう反省で、自分の負けパターンの研究をします。先生には、その姿勢が良いと褒められるので、それだけが救いです。

後は、自分なりに感情のコントロールをするために、あんまり、画面に張り付かないようにしました。画面を見ていると、どうしても感情が抑えられなくなってしまうときもあるので、私の場合は、エントリーする前に、目標価格と損切りを先に設定してから、トレードに入るスタイルに変えました。

トレード中は、もう画面を見ていないです！　最近は、携帯のトレードアプリでも、決済が完了するとメールでお知らせをしてくれるので、本当に放置状態ですね。メールでお知らせがきたら、あぁ、勝った、負けた、と知るのです。その時に、また、エントリーの良いタイミングだったら、また、注文を入れておく・・・というような感じです。

基本は、デイトレーダーではなくて、スイングトレーダーに転身しているので、設定した利益確定か、損切りのどちらかに決まるまでは、1週間とか2週間は放置だったりします。一応、毎朝、必ず、チャートはチェックしていますので、このまま持つのか？　決済してしまうのか？　どうしようかな？　と見直すことはあります。けれど、トレンドが変わったり、イレギュラーな情報が入らない限りは、大抵、最初の予想通りトレードし続けています。

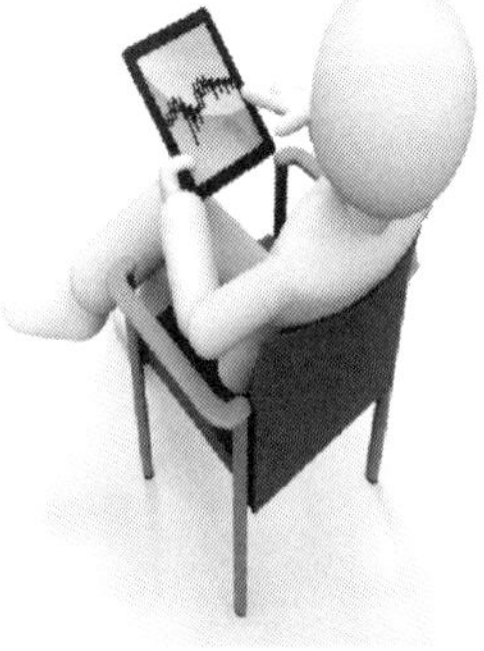

【2．初心者にオススメの通貨ペア】

初心者にオススメの通貨ペアは、ドル円です。世界の基準通貨ですし、ドル円だったら、主に日本とアメリカのニュースが身近ですし、経済状況の把握もしやすいからです。確かに、稼ぎやすいかどうか？　と問われると、ドル円は、そこまで激しい動きをしないので、1日でも100pips動けば良い方で、種金が大きくないと、大きくは稼げないでしょう。

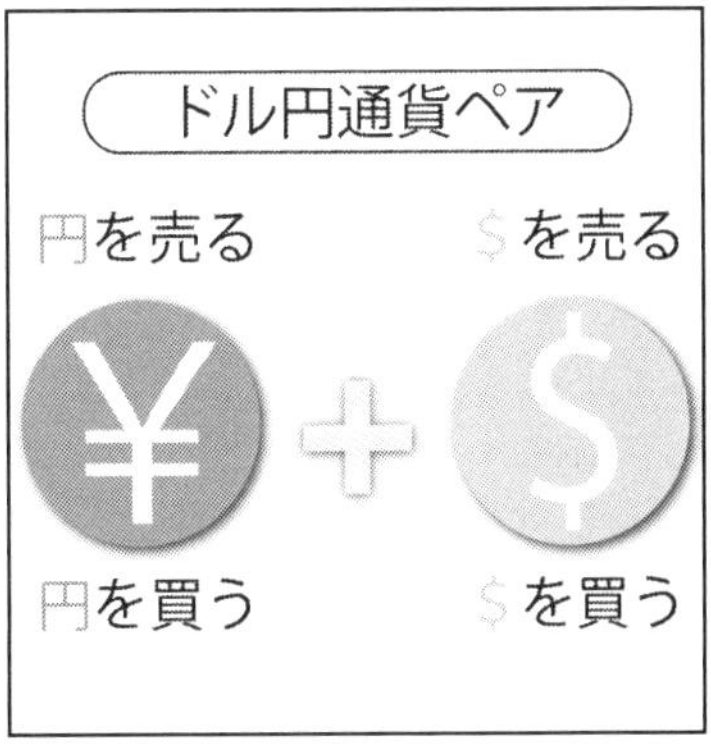

しかし、大きく稼げる通貨ペアを狙うとしたら、大きく負ける危険性もあるということです。初心者で良く分からないうちに、良く知らない動きの通貨を狙っても、早く退散を余儀なくさせられる可能性だってあります。また、他の通貨でトレードするにしても、ドル円の動きを指標にして、予測することになります。

ですから、初心者であれば、まずは、ドル円で負けを少なく、安定トレードをしながら、それでも、負けてしまうトレードに、精神的に負けないようにしたり、トータルでは勝つというトレードの結果を出せるようにオススメします。美味しい話につられて、大きく動く相場でトレードしても、大きく負けるだけなのが初心者なのだと思いましょう。謙虚な気持ちでトレードに臨めば、初心者はドル円がオススメだったことが分かって頂けることと思います。

ＦＸトレードでは、値幅以外にも市場心理が働きます。やはり『ドル円』が『持ち高』心理で読めますので有効です。『持ち高』心理とは、世界中のトレーダーが現在所持している買いポジションと売りポジションの総量のことです。いくらのレートで買いポジションと売りポジションを持っている人が一番多いのか？

この一番大きな総量での影響力は、プロの罠や仕掛けがあっても、総量に対しての値動きの比率は小さいため、そこまで大きな影響力が働かないので、予測を立てやすいのです。ポジションの総量が多いレートに、市場心理の結果、落ち着いていくという傾向にあるということです。

そして、テクニカル分析をしっかりと習得したら、勝てるようになっている！　という証拠です。あなたは、ある程度、結果を出せるようになっていますか？　毎週の合計で勝てるようになっていたり、毎月の合計で勝てるようになっていたり、負け知らずになっていますか？

ある程度は、勝てるようになったと自信を持っていえるなら、次は、大きく動く通貨ペアに挑戦してみたら良いと思います。利幅が広がると本当に面白いと思います。

それは、トレンドが出やすい通貨ペアになります。

ユーロドル、ユーロ円などの通貨ペアがトレンドが出やすいと言われているオススメの通貨です。トレンドが出やすいという意味は、利幅が大きくて、稼ぎやすいということになります。更に慣れてきたらポンド円、ポンドドルでトレードしても良いかもしれません。

今でこそ私もいくつかの通貨を扱いますが、ドル円におきまして、例えば900～1500の時間帯はなかなか動かないので、私は全然見なかったりします。仮にそこで動いても、ロンドンタイムで買いが売りにひっくり返されちゃったりしますので、900よりも前から、夕方以降か、夜中にトレードをするのです。

【3．初心者にオススメのテクニカル分析】

私が初心者にオススメするテクニカル分析は、ＡｏとＥｎｖｅｌｏｐｅと移動平均線の活用です。もちろん、こちらの3点は基本になり、その上で……ということになります。

- **トレンド**
- **市場の期待値**
- **予想の高値と安値**

この3点を抑えてから、テクニカル分析をしていきます。それぞれを少し説明致します。

ＡＯとは

MT4（Meta Trader 4）の Accelerator Oscillator のことです。

Accelerator Oscillator（AO・アクセラレーターオシレーター）は、トレンドの方向性とその強さを調べるときに用いるテクニカル分析指標になります。このＡＯは、赤色と緑色であらわされて、今、トレンドがどちらの方向に向かっているのか？　が分かります。

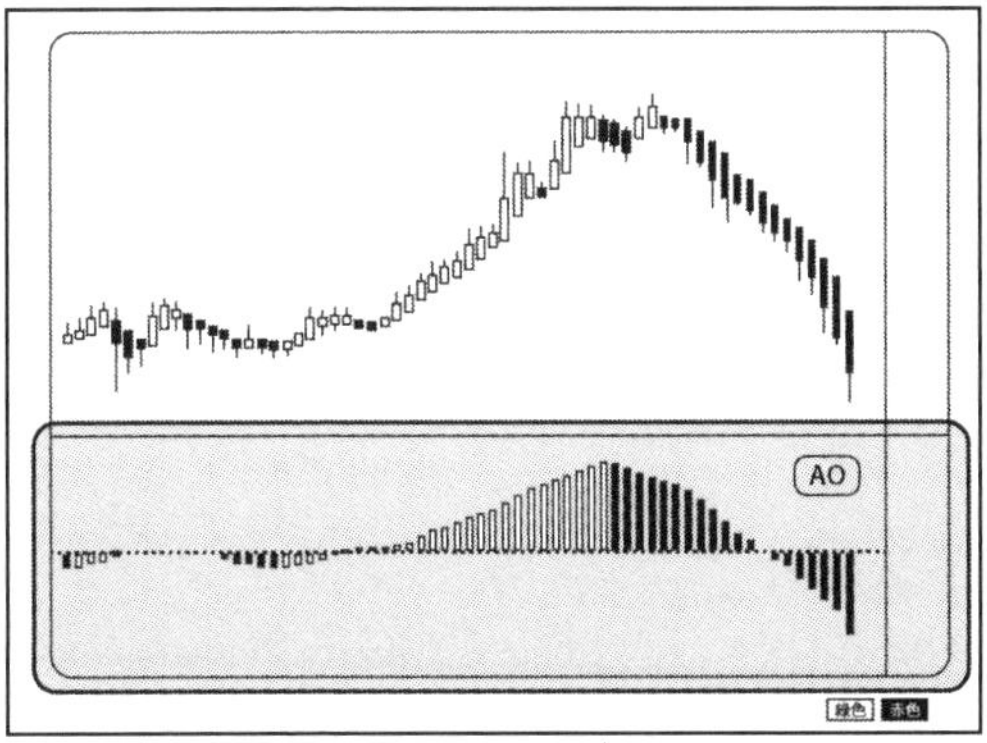

赤色になると弱気相場で、緑色になると強気相場であることを意味します。そして、ＡＯの値が０未満であれば下側に線が描かれて、０より大きければ上側に線が描かれます。つまり、線が、下側に描かれている間は下降トレンドを示し、線が、上側に描かれている間は、上昇トレンドになっていると判断できます。

線が上側から下側へ転換したときは、上昇トレンドから下降トレンドへ転換したと判断することができます。線が下側から上側へ転換したときは、下降トレンドから上昇トレンドへ転換したと判断することができます。赤色から緑色へ変わって0よりも下側に線が描かれているときは、下降トレンド中で、戻り売りの局面にあることを意味します。

線が緑色から赤色へ変わって、0よりも上側に描かれているときは、上昇トレンド中での押し目買いの局面になります。

Ｅｎｖｅｌｏｐｅとは

Envelope（エンベロープ）も、トレンドを分析できるテクニカル指標で、価格が移動平均線からどのくらいの位置にいるのか？　を知ることができます。そして、移動平均線から離れたとしても、いつかはまた、移動平均線にある価格に戻ってくると考えられますので、Ｅｎｖｅｌｏｐｅのサインをサポートラインやレジスタンスラインの目安にすることができます。

BollingerBands（ボリンジャー―バンド）も似たように移動平均線を軸にバンドを表示しますが、Ｅｎｖｅｌｏｐｅとの違いは、Ｅｎｖｅｌｏｐｅの方が、バンドの収縮幅が一定であることで、だましが少ないことから初心者にはオススメだと思います。

初期設定では、真ん中の線が25日移動平均線で、緑のラインが０・９％、青いライ

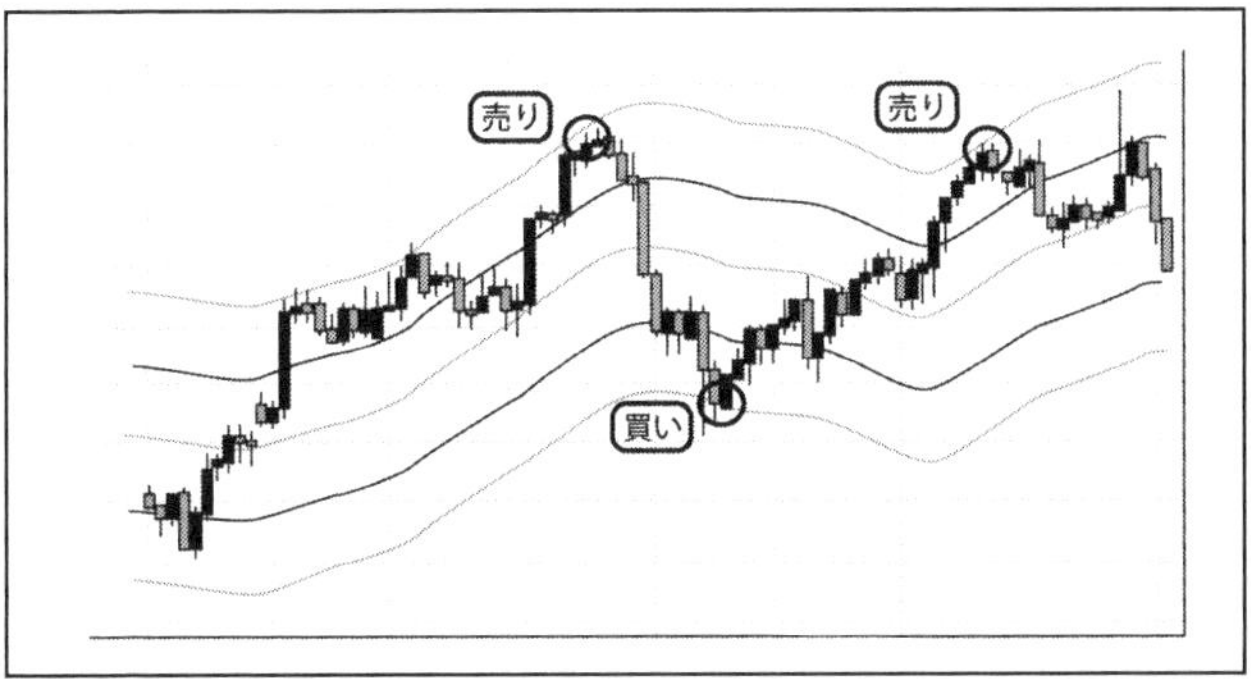

ンが1・8％の乖離になっています。指標設定で、乖離幅を設定することができます。

乖離の％をいくつにするのが良いかは決まっておらず、相場の状況によっても変わってきます。一般的に為替相場では、25日移動平均線対比で「1〜3％」に設定することが多いようです。

ローソク足がダウンラインに近いときは、売られ過ぎの傾向にあると判断して、買いのサインだとも考えます。ローソク足がアップラインに近づいたときは、買われ過ぎの傾向にあると判断して、売りのサインだとも考えます。

しかし、大きく抜ける場合もあるので、確実にＡＯと合わせて、次の確実な波が始まったことを知ってから行動してください。

先読みで、読み間違えると負けるからです。また、どの通貨を選定するか？　基準となる移動平均線を何日にするか？　乖離率を何％にするか？　の設定によって、売買ポイントは変わってきますので、過去のチャートを見ながら調整していきましょう。

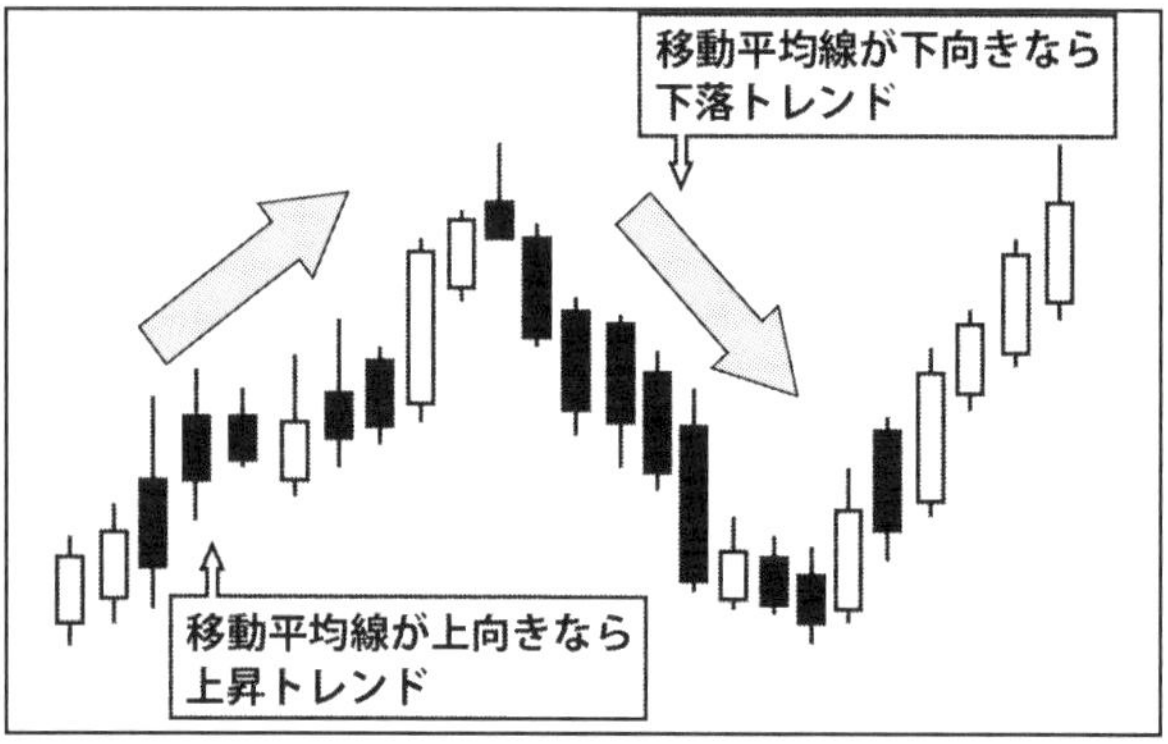

最後に移動平均線についてテクニカル分析を覚えましょう。

移動平均線とは、これまでお伝えしてきたAOやEnvelopeと同じでトレンドを知るテクニカル分析ができます。移動平均線という名前のとおり、ある一定期間の価格（通常は終値）の平均を結んだ線になります。

短期線と長期線を2～3本組み合わせて表示するのが一般的です。例えば、短期線であれば、

5日や6日

12日

などの移動平均線になります。中期線であれば、

20日
25日
50日
75日
89日

などになります。最後に、長期線では、

100日
144日
200日
233日

などを用いられることがあります。

移動平均線を使って、トレンドの動きを見るかというと、例えば、4日連続上昇トレンドを続けていた相場が、5日目、6日目に下落していたとしたときに、その上昇トレンドはもう終わったのかな？　と判断するときの指標に使います。

単純に上がっていたトレンドが下がったら、初心者だったら、今のトレンドは、下

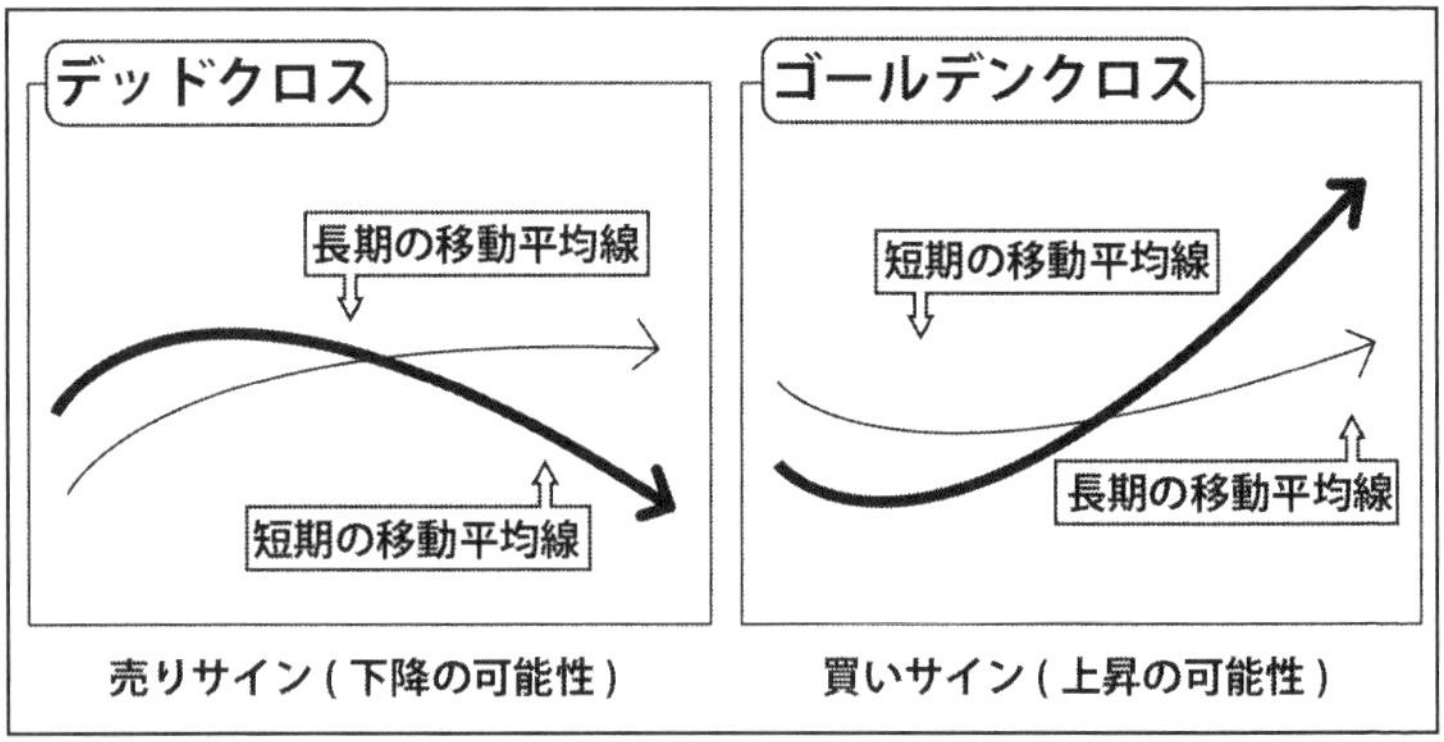

がっているのだと思うものです。しかし、このとき、移動平均線を見てみると上昇を続けている場合があります。つまり、この下がりは、1日の中でイレギュラーな動きであると考えられるのです。これであなたはだまされなくなります。

また、短期移動平均線と長期移動平均線を表示させるもう1つの理由があります。それは、ゴールデンクロスとデッドクロスを知るためです。

ゴールデンクロスとデッドクロスとは

ゴールデンクロス

まず、ゴールデンクロスとは、短期移動平均線が長期移動平均線を下から上へ突き抜けるチャートのことになります。このチャートが示すサインは、直近の価格が上向き傾向に転じたとみられるため買いのサインといわれています。

デッドクロス

デッドクロスとは、ゴールデンクロスの時とは反対に、短期移動平均線が長期移動平均線を上から下へ突き抜ける表示となります。これは、直近の価格が下向き傾向に転じたとみられる売りのサインといわれています。

だましに注意

これらの移動平均線が表示するサインには、しばしば、『**だまし**』と呼ばれるタイミングがあります。つまり、１００％そうなるわけではないので、他のテクニカル分析と組み合わせながら、少し待ってでも確実なところを狙った方が良いのです。なぜ、予想通りにならないのか？　といいますと、この2つのサインはとても予想がしやすいため、相場の裏をかいて、利益を獲得しようとする人の相場の流れがあるからなのです。

例えば、ゴールデンクロスが出る前に、そろそろ、ゴールデンクロスが出るかもしれないな？　と気がつきます。ゴールデンクロスは買いと売りのどちらのサインか？　覚えていますか？　はい。覚えましたね？　ゴールデンクロスは、買いのサインです。私は、ゴールデンは『金』と結びつけて欲しいから『買い』だと覚えました。

反対にデッドクロスはデッド＝『死』だと思って欲しくないから売りだと思いました。覚え方は何でも良いと思いますが、自分が記憶に残る方法で丸暗記してしまいま

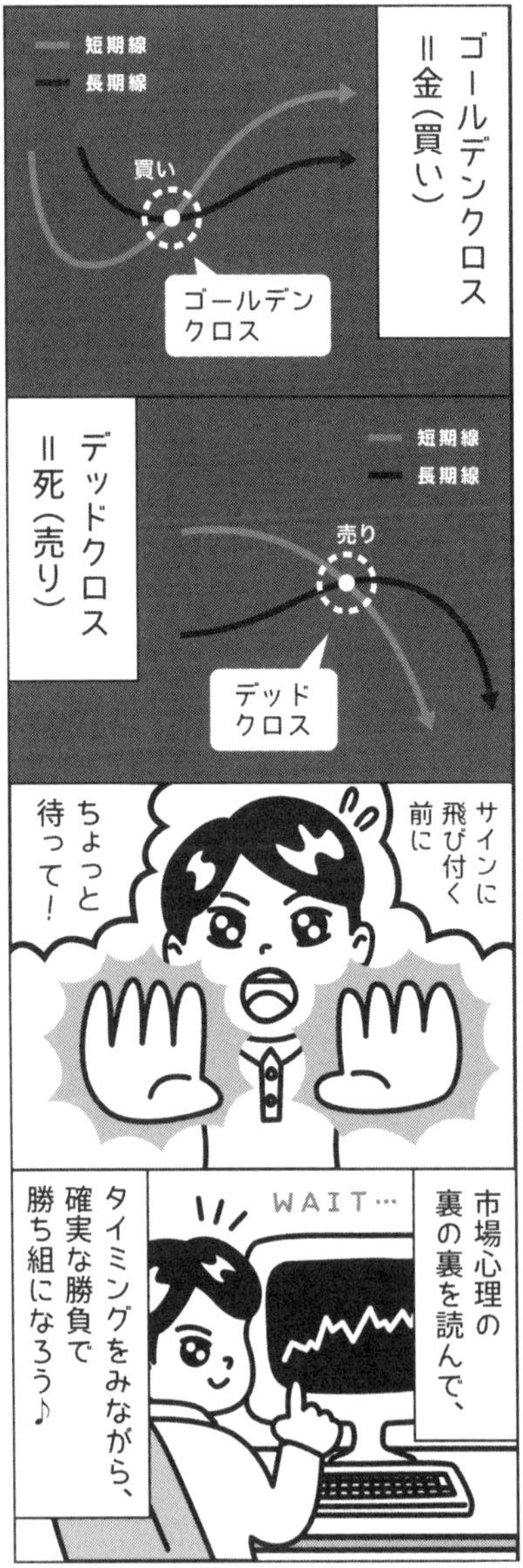

しょう♪　そして、もうすぐ、ゴールデンクロスが出そうだな？　と思ったら、ゴールデンクロスで買う人が増えますので、それを予想して、先に、買いのポジションを入れる人も増えるのです。

そして、ゴールデンクロスのサインが出たらみんなが買い始めるので、そのときに合わせて売るのです。これ、確実に利益確定できそうですよね？　しかし、それをされると、売りが増えるので、相場は一時的に下落してしまいます。そのためゴールデンクロス直後に買いを出しても、相場は下がってしまい、損切り設定をして、購入していた人はすぐに負ける可能性があるということです。

市場心理は、裏の裏まで考えて、他のテクニカル指標と合わせてみたり、サインが出たからといってすぐに飛びつくのではなくて、タイミングをずらして様子を見ながら取引をすると良いでしょう。

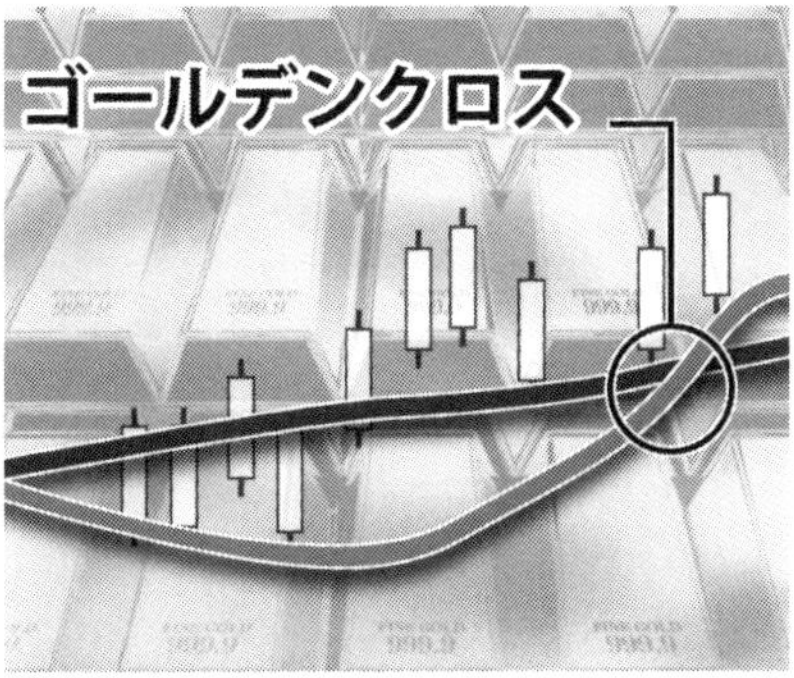

【４．コンビニでもトレード　早朝もトレード】

コンビニ店員で負けていた頃の私は、ＡＯのこともＥｎｖｅｌｏｐｅのことも移動平均線のことも知らずに、何のテクニカル分析も使わずにＦＸをしていました。

でも、初心者だったら知らないことが当然です。最初、株やＦＸにふれても、知らない言葉ばかりだし、チャートの見方も良く分からないし『日足』って何？　とどぎまぎしてしまうことと思います。

しかし、学校で習っていない私たちは、誰もがその一抹の不安を抱えながら、株やＦＸに挑戦することになります。こんなとき、無知な自分を責めてしまったり、理解が遅い自分を責めてしまうことがありますが、私は幸いこのように考えていました。

それは、洋服も着ていない裸の民族のところに、このＦＸというものがｉｐａｄと一緒に来たらどうなるのか？　と。彼らは理解をしてできるようになるのか？　それとも、やろうともしないのか？　当たり前ですが、ある者は、興味を持ち、ある者は、やろうともしないでしょう。

そして長老の一言で村人たちは、一斉に意識を変えて、「一切やらない」「全員がやる」かが決まります。きっとそれには逆らえないのでしょう。

もし『FX』をやったら、彼らの人生は本当に大きく変わってしまいます。将来、私が大きなお金を手にすることができたら、恵まれない子供たちにFXのことを教え、彼らの人生を大きく変えるお手伝いをしたいなぁ。そんな夢を見るようになり、幸せな未来が広がることをイメージしていました。

しかし、どんなにニヤニヤしていても、それは私のコンビニ店員だったときの姿です。現実は自分ですら不自由でしたから、その話も夢のまた夢の話でした。

そして、トレードができる時間も限られていました。DJが終わってからの早朝や、コンビニでの深夜の仕事が明けてからの早朝。不思議とこの時間は私にとってゴールデンタイムといいますか？　相性の良い時間となりました。

つまり、予想が当たりやすい……勝ちやすい時間だったということです。テクニカル分析をしながら慣れてくると、コンビニのトイレタイムや休憩タイム、タバコタイムでも、私は携帯を片手にチャートを眺めてデモトレードをしていました。

よく『ＦＸ』を学んでる時間がないという人もいますが、細切れ時間に、デモトレードで実践して学ぶのも有りかと思います。私は、ヘッジファンドバンキング社の山崎毅先生に師事することで、動画で受講がライフスタイルに合っていて、好きなときに携帯で動画から学べたり、携帯でテキストを見ることもできたので、一度も机に向かうことなく、このＦＸを習得できました。

勉強というと、何だか堅苦しい感じですし、特に『ＦＸ』というと『金融業界』ですので難しい感じがしまうから、私もコンビの棚の雑誌から、この情報を入手せずに誰かに一緒に勉強してみない？　と誘われても絶対にＮＯと断っていたと思います。

人それぞれ入口は別だと思いますが、私が学んだ方法は、勉強というよりも、むしろ、趣味というような入り口で、難しくとも楽しく、難しくとも簡単に教えてくれる先生に出会えたことが最大の幸運だったのだと思います。

【5．勝ち組に変身できたリスクリワード】

私が勝ち組に変身できたのは、リスクリワードを知ってからです。リスクリワードとは、**1回のトレードの『利益』と『損失』の比率**のことです。世の中には、勝率80％の凄腕トレーダーとか、6割の必勝トレード方法などというようなキャッチの有名トレーダーたちがいますが、初心者はこれに騙されてはいけません。

ＦＸトレードというのを勝率勝負と勘違いしてしまってもいけません。ＦＸは決して勝率を競う競技ではないからです。世の中には、9勝1敗自慢をしていて、途中で全財産をなくして破産する人までいます。こういう人はカッコ悪いのです。1勝9敗でも、本当の負け知らずで、最終的には、大儲けする人も確かにいるのですが、どちらも現実的ではありません。

先日の私は、勝率は60％ほどで、トータルの利益はプラスでした。勝率を高めることにこだわって『ＦＸ』をしている人は、本当の『ＦＸ』で勝ち続ける方法を知らないのだと思います。

そして、そのことを知らせてくれたのが、このリスクリワードレシオです。

このリスクリワードレシオを守っているトレーダーは、真の実力があるといっても過言ではありません。それは、リスクリワードレシオによって、初めから負けないトレード計画を立てているといえるからです。それに合わせて、勝率を高めていくなら最強です。

ちなみに、先日の私のトレード履歴を見ると、この**リスクリワードレシオは2**でした。因みに、リスクリワードレシオが2でも、負けないトレーダーになれるのです。何故なら、リスクリワードレシオが2の場合は、平均的に**1回**のトレードによる**利益**は、**損失額の2倍**ということになりますから、仮に**勝率が33%**だったとしても、**利益が出る**からです。

こういう事実があるにも関わらず、初心者はそのことを知らないので、勝率が高いトレーダーを優秀で才能が高いトレーダーだと勘違いして騙されてしまうのです。

正直、私も、先生に出会うまでは、勝率を上げることばかりを目指して研究していましたし、**勝率を7～8割キープ**して、**利益も順調**に上げているときもありました。

だけど、その**2～3割の負け**のときに、**全財産をなくす**くらい大負けするために、トータル的には**勝てないトレーダー**だったというわけです。

いわゆる、コツコツドカンタイプです。

今は、その逆なのです。勝率はそこそこでも、リスクリワードをしっかりと守っているので、昔のように一気に利益を飛ばしてしまうこともなくなりました。FXの結果にハラハラする時間も圧倒的に減りましたし、精神衛生上もプラスになります。

リスクリワードレシオは、**バランスが大事**になります。極端に勝率を高く狙ったり、極端にリスクを低くしようとしても負けてしまうのです。負けを小さく抑えたい気持ちはみんな一緒なのですが、欲を出し過ぎると結局は負ける！　ということもあります。

だから、平均を狙っていくのです。これも勝ち続ける人の特徴かと思います。利益も少なめで勝率も低めだけれど、トータルでは勝てるようにすると、バランスが良くて、結果的に勝ち続けることができるようになるのです。

そして、自分のパターンを知るためにも、**第2章　コンビニ店員からトレーダーになるまで「4．勉強しないで直感トレードでボロ負けに」**でお伝えしたとおり、自分のトレードの記録をつけてください。

そうすると、何のテクニカル分析も知らずに直感でトレードをしていても、どれくらいの勝率か？　自分のパターンが分かります。

そして、私の勝率パターンでは、勝ったときに1万円。負けたときは5000円と決まったのです。リスクリワード1対2です。これで、勝率をあまり気にしないでトレードができるようになりました。ここが、結構、勝率を気にしないといけないトレードスタイルなのかどうか？　大きく差が出るところだと思います。

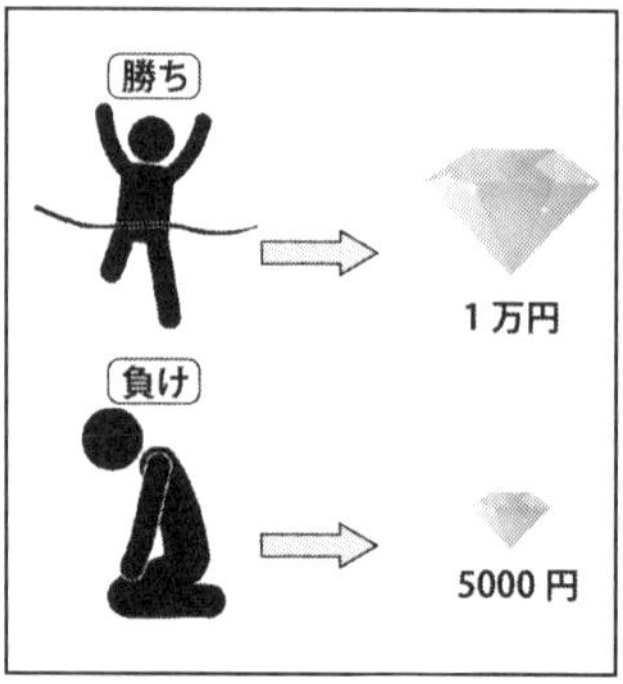

【6．大発見！積立や定期貯金よりもどんどんお金が増えていく方法】

こちらは、**第3章　負け組から勝ち組トレーダーに転身　6．大発見　積立や定期貯金よりもどんどんお金が増えていく方法**を知るきっかけとなった発見のお話です。

この手法は初心者でも簡単にできますし、ＦＸではありますが、ＦＸトレードというとちょっと違うような気がしますので、先にこちらの実践方法をお伝えしていこうと思います。

こちらは、ＦＸトレードとはいえ、実際はトレードいらずで、最初に設定さえしてしまえば、銀行の積み立て貯金や定期貯金のような感覚でお金が増えていきます。

それも、日本だったら、金利が安いのに、あり得ないような海外のスワップ金利の利差を使って稼げる手法です。

それでは、早速ですが、実践をしていきましょう♪

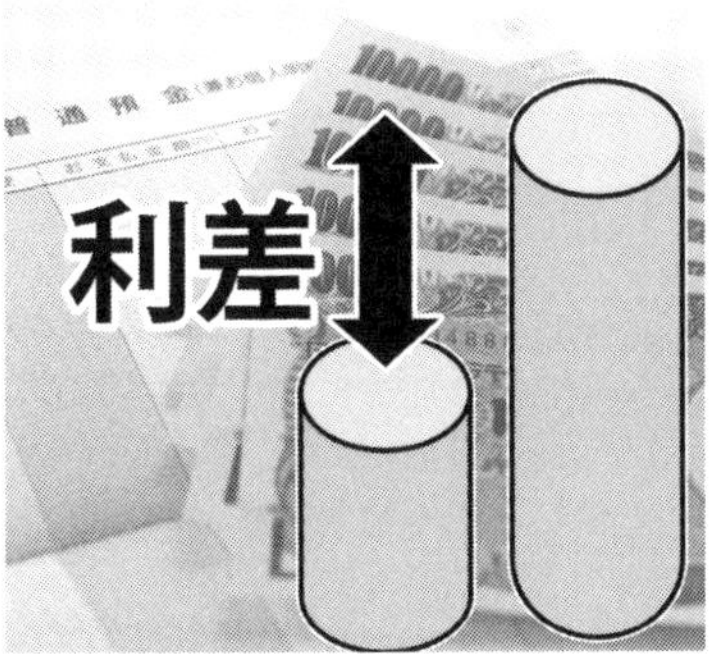

1万円通貨あたり	スワップ金利一覧 (2016年3月24日)		高速FXの場合
TRYJPY	A-1FX	FAX-2	A-3
受取スワップ	115円	101円	75円
支払スワップ	-200円	-101円	-75円
AUDJPY	A-1FX	FAX-2	A-3
受取スワップ	50円	77円	30円
支払スワップ	-50円	-77円	-30円

ステップ1　スワップ金利差がプラスの組み合わせを探す

まず初めに、各ＦＸ会社のスワップ金利（受け取り＆支払い）をチェックして、同一通貨ペアでスワップ金利の受け取りと支払いに差がある口座を探します。

トルコ円や、オーストラリア円を例に口座をチェックしてみましょう。

例えば、Ａ－１は受け取りスワップ金利が１１５円で、支払いのスワップ金利は２００円になります。同じくＡ－３は受け取りスワップ金利が75円で、支払いスワップ金利も75円です。

しかし、このＡ－１で受け取り、Ａ－３で支払ったらどうなるでしょうか？
115円－75円＝40円の利差が生まれます。

115円－75円＝利差40円

1週間	40円×7日＝**280円**
1ヶ月	40円×30日＝**1200円**
1年	40円×365日＝**14600円**

1週間↓40円×7日＝280円
1ヶ月↓40円×30日＝1200円
1年↓40円×365日＝14600円

これだけを見たら、こんなちょっと？　と思う人もいるかもしれませんが、実際にこの話を教えてくれた山崎先生は、5000万円ずつ預けて……トンでもないことになっている人も紹介してくださいました。

そして、同じようにオーストラリア円のスワップ金利の利差を見てみましょう。FXA－2が一番高いスワップ金利をもらえて77円。A－3が一番安い支払いのスワップ金利で30円。
77円－30円＝47円になります。

77円−30円＝利差47円

1週間	47円×7日＝**329円**
1ヶ月	47円×30日＝**1410円**
1年	47円×365日＝**17155円**

1週間↓47円×7日＝329円
1ヶ月↓47円×30日＝1410円
1年↓47円×365日＝17155円
です。

47円の平均で5000万円ずつ預けた場合、
1週間↓23・5万円×7日＝164・5万円
1ヶ月↓23・5万円×30日＝705万円
1年↓23・5万円×365日＝8577・5万円

え？　とちょっと驚きですよね？　小さい金額だと自分の生活と照らし合わせて、生活できる数字なのか？　そうでないのか？　という判断くらいしかできないと思うのですが、1億円あれば、約1億円近くが増えてしまうという驚異的な手法なのです。そして、山崎先生が教えてくれたときの私の実績としては、20万円ずつ預けて、合計40万円の投資で実際に1ヶ月間で8・42万円が増えました。

40万円を預けて8・42万円が増えたと言われてもそんなに凄い‼　とは思いませんよね？　だけど、この金額が100万円だったら（50万円ずつ預けていたとしたら）毎月21・05万円になるのです。あれ？　もう少しでコンビニも辞められそうって思いませんか？　私は月30万円は欲しかったのと、金種が100万円も持ち合わせていなかったので、まだコンビニを辞めることはできませんでした。

この方法をすげーって思わせてくれたのは山崎先生です。先生は、この方法を合計1億円の金種を5000万円ずつで運用して

1ケ月→21・05万円

1年→21・05万円×12ケ月＝252・6万円

というあり得ない金額を、もっともリスク少なく増やしていたのです。

こんな凄い方法があったのか？

この方法なら、自信を持ってオススメできると思いました。そして、この方法は、スワップ金利差を利用しますので、本当にもらえる金額の高い会社と支払いの低い会社を見つけるだけという宝のような方法です。

資金量を増やせば、より少ないリスク（レバレッジ）で取引を行うことができる

資金量	日利回り	週利回り	月利回り	年利回り	レバレッジ
20万	0.307%	2.14%	9.19%	111.87%	15倍
50万	0.123%	0.86%	3.68%	44.75%	6～7倍
100万	0.0062%	0.43%	1.84%	23.37%	約3倍

FX会社別で見た利用可能レバレッジ率と法人口座の活用

FX会社	個人口座	法人口座
LionFX	～25倍	300倍
FXTF	～25倍	～200倍
M2J	～25倍	～50倍
AVATRADE	～25倍	～400倍
iTrader	～1000倍	～1000倍

法人口座を開設すと、国内の会社でも最大で400倍ものレバレッジを利用することが可能となる。

海外口座の場合、1000倍ものレバレッジを個人でも利用可能なケースがある。

※口座は実例として挙げたものであり、推奨ではありません。

そして、これは世界のお国の事情やタイミングなどによっても変わりますが、まだまだ、何十円だったとしても、その金額をバカにしないで、何もしなくても増えていくこと、その増やす時ときのリスクの低さや、精神的な心の負担を考えたら、あなたの金種が大きくなれば大きくなるほど、このありがたみを知って頂けることと思います。

いくら何億円に増やしても、全部溶かしてしまう人もいるくらいですから、金種を減らさないこと。これを基本に初心者の人はトレードして増やしていってください。

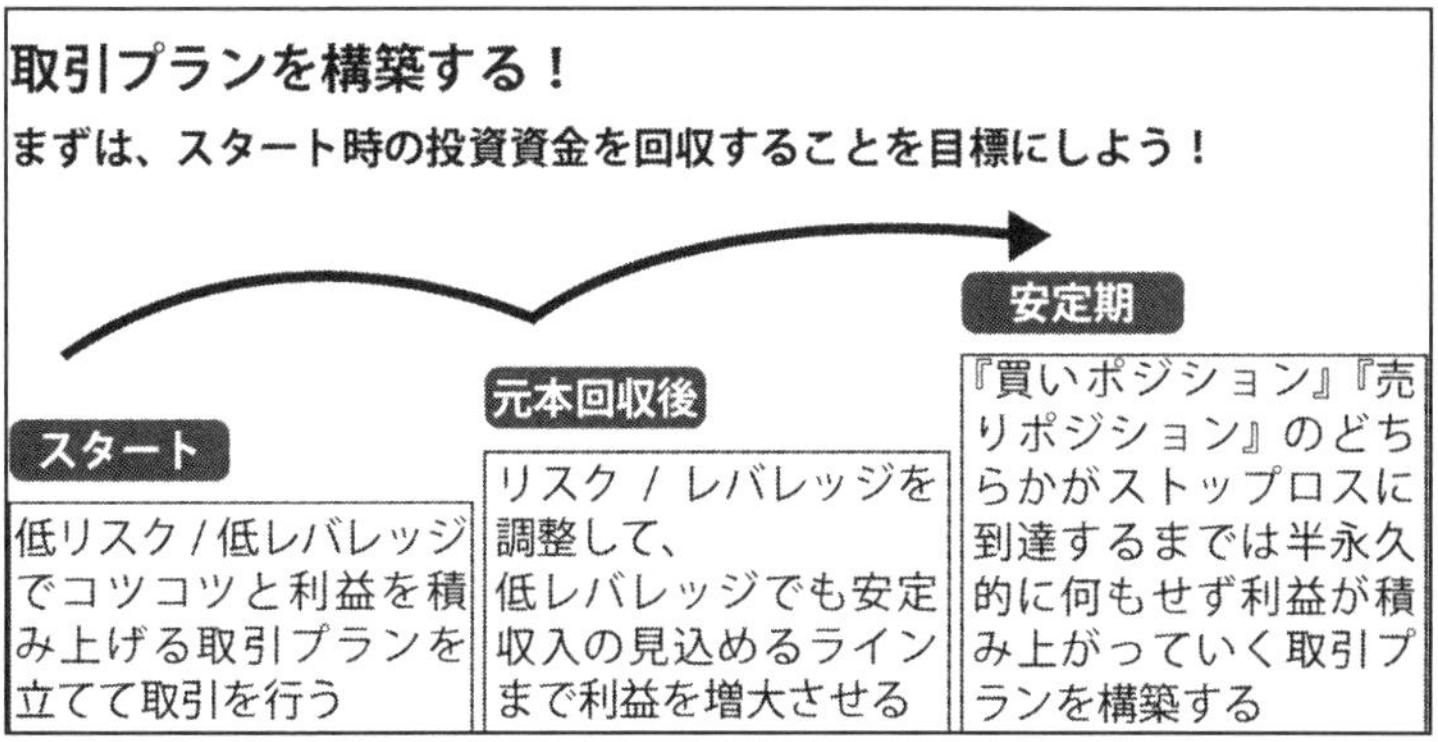
取引プランを構築する！
まずは、スタート時の投資資金を回収することを目標にしよう！
スタート
低リスク / 低レバレッジでコツコツと利益を積み上げる取引プランを立てて取引を行う
元本回収後
リスク / レバレッジを調整して、低レバレッジでも安定収入の見込めるラインまで利益を増大させる
安定期
『買いポジション』『売りポジション』のどちらかがストップロスに到達するまでは半永久的に何もせず利益が積み上がっていく取引プランを構築する

ステップ2　取引プランを構築する

スタート

低リスク／低レバレッジでコツコツと利益を積み上げるための取引プランを立てましょう。

金種（元本／投資資金）回収後

取引後、金種（元本）を回収したら、出金して、利益だけその後の取引を行いましょう。

リスク／レバレッジを調整して、低レバレッジでも安定収入の見込めるラインまで利益を増大させましょう。

安定期

利益が大きくなってきたら、リスク低～中の範囲で安定運用を行い『買い・売りポジション』のどちらかがストップロスに到達するまでは、半永久的に何もせず、利益が積み上がっていく取引プランを構築しましょう。

ステップ3　取引結果の記録・検証

①口座ごとの受取／支払スワップ額を確認し、取引記録シートに毎日記録する

②週／月ごとにトータル収益と利回りを確認し、計画と乖離をチェックする

③ポジションがロスカットされた場合は、改めて計画を修正し、取引を再実行する

④想定収益を大きく下回ってきた場合、投資計画の修正と再考を図る

ポイントチェック

スワップ金利差

- 通貨ペアの選別
- 証券会社調査
- デモトレードで検証
- リアルトレードで実践

取引資金・レバ

- 通貨ペアの選別
- 証券会社調査
- デモトレードで検証
- リアルトレードで実践

記録・検証

- 取引結果の記録
- 利回りの検証
- ロスカットの設定・調整
- ＋αテクニック

リアルトレード後の流れ

第4章 安定&勝負トレードで資産を増やす

【1．デモトレードを実践してみよう】

デモトレードを実践するためには、まず、どこのＦＸ会社のデモトレード口座を選ぶか？　からはじまります。80％以上の会社がデモトレードで練習をできるように用意してあります。デモトレードをしながら、どこのＦＸの会社のアプリが使いやすいのか？　を調べてください。

最近のアプリは機能が豊富で、更に、全て、無料で使えたりしますので、初心者にとっては嬉しい限りです。デモトレードの口座を無料で開設したら、すぐにトレードを試すことができます。

そもそも、デモトレードは、ネット上の売買ページか、取引ツールを使って売買しますので、パソコンに取引ツールをインストールするか、スマホにアプリをダウ

ンロードする方法があります。そのツールやアプリの操作方法は、各会社で違うので、その使い方が自分にとって使いやすすものを探すと良いです。

特に、短期投資であるデイトレードや、スキャルピングをする場合は、ＦＸ会社の手数料や**取引ツールやアプリの使い勝手が非常に影響**します。

プロの投資家でも、取引ツールの使用感はかなり重視するほどですので、色々なものを試してみることをオススメします。特に海外の有名なシステム会社が製作したツールやアプリだと、数億円規模の予算をかけて開発しているだけあって、操作方法やインタフェースも分かりやすくなっています。初心者は、ただでさえ、色々なことが分からないことだらけなので、ツールアプリは快適に使えるものを見つけられるとラッキーです。

デモトレードでは、本番とは違って、金銭的リスクの精神的負担が大きく違いますが、操作の練習としては、車の教習所のような感じです。仮免許状態のところですから、ほぼ同じですが、いざ、事故になりそうなときには、教官が助けてくれますね？

デモトレードでは、誰も助けてはくれません。

でも、本当のお金ではなくて、バーチャルトレードなので、良く分からないままにトレードをして負けても、本当にお金がなくなるわけではありません。損失が続いて真っ赤な結果になっても、懐までは燃えませんので、たくさん練習ができます。本番で負けてしまって燃え尽き症候群になることを予防できます。

よく、いくら『デモトレード』をしても、本番では、練習のときのようにうまくいかない人が多いから、最初から少額でも良いから本番でやれ！　という意見もありますが、さすがに、それは、無謀だと私は思います。ＦＸに投資するお金は、あなたの大切なお金になります。良く分からないまま損失を被ることは、する必要のないことです。

どんなに優秀なトレーダーであっても、操作を覚えたり、反応の高さをチェックしたりと必要なことがありますので、デモトレードでチェックしています。あまり、無謀な指導を真に受けないようにされた方が無難かと思います。あなたが負けることで

ＦＸ会社側の手数料をもらっているトレーダーたちは、初心者が知らないことを良いことにわざと逆のことを教える人もいますのでご注意ください。

無知は、損をします。だからこそ、きちんと勉強して練習してからにしましょう。いっぱい、負け癖というか、度胸をつけるのもデモトレードでやった方がいいです。勝つとか負ける確率を調べるのも、やはり、デモトレードでやりましょう。わざわざ、少額取引といえども、調査段階でお金をかけてやる必要はありません。そもそも、初心者の人はＦＸが自分に合っているか？　をデモトレードで試すことも大切だと思います。

【２．リスクリワードを守るために】

あなたはリスクリワードはいくつにしていますか？

リスクリワードとは……

損切りと利益のバランス（比率）だとお伝えしましたが、ここであなたのトレード計画を立てるためにどうするか？　考えてみましょう。

もう一度、リスクリワードレシオの求め方のおさらいです。

平均利益（ｐｉｐｓ）÷平均損失（ｐｉｐｓ）

例えば、

平均利益が10ｐｉｐｓで、平均損失ｐｉｐｓが20ｐｉｐｓだった場合

平均利益10pips÷平均損失20pipsになりますので、リスクリワードレシオは、『0・5』

平均利益が100pipsで、平均損失pipsが100pipsだった場合

平均利益100pips÷平均損失100pipsになりますので、リスクリワードレシオは、『1』

比率としては、3くらいがオススメです。例えば、ドル円で100円を保有した場合、99円を損失確定とした場合、103円を利益確定とすることになります。しかし、このリスクリワードレシオの場合、勝率は下がってしまいます。日足などでトレンドが出た場合ならこの3がオススメですが、初心者は、1から2くらいで練習してみる方が良いかと思います。

リスクリワードレシオ：0・5⇓勝率67％で±0
リスクリワードレシオ：10⇓勝率50％で±0
リスクリワードレシオ：1・5⇓勝率40％で±0
リスクリワードレシオ：20⇓勝率33％で±0
リスクリワードレシオ：30⇓勝率25％で±0

トレード初心者は、勝率にこだわってみたり、負けないことに専念する以前に、勝負という快感に溺れがちです。それが自然の流れだと思います。しかし、トレードについて勉強をすればするほど、第一優先は、勝率を高めることでも、負けないようにすることでもなくて、リスクリワードレシオを決めて守るということです。

このリスクリーワードについては、知ったり、気にしたりしても、守れない初心者が8割だからです。本当に勝とうとすればするほど、守って欲しいのに、勝とうとして守らないから負けるという悪循環になります。1回のトレードで高額を勝つことも、勝率を上げることも叶えたいことだとは思います。

しかし、継続的に勝つ『勝ち組トレーダー』になるためには、ただ、1回限り、高配当の利益を出せたとしても、全く凄くありません。それは、それ以上に負ける危険性をはらんだ人の可能性があるからです。私も初心者の頃は、基本的には、勝率にこだわっていました。たった一度でもいいから大勝ちしたいと願っていました。「勝つこと」「勝率を高めること」がトレードの全てだと勘違いしていたのです。

今、経験からいえることは、勝率を求めようとするほど、そして、大きく勝とうとするほど、最終的には、大きく負ける結果となることを知りました。トレーダーとして勝つという目的はみんな同じなのに、本当に勝ち続ける方法を知らない初心者は、本当に間違えた方法を正しいと信じてしまい、悪循環から抜け出せないのです。あなたが、もしも、負けているトレーダーだったり、なかなか、勝ち続けることができないトレーダーだとしたらこのことに気が付いてください。

そして、リスクリワードレシオを必ず守るトレードをしてみてください。これを守らないであなたが勝ち続け

ることができないなら、そのときは、あなたの「エゴ」の強さを恨んでください。勝率を上げることを目指している人は1日も早く、その目標を持つことは止めましょう。根本的に無理があることに気がついてください。

最後には、金種がなくなるのが落ちです。トレードの「限界」がくるでしょう。いくら私が注意しても、失敗経験をするまでは気がついてくれないかもしれません。でも、初心者のうちにそれを経験して気がつくなら、まだ、安い金額での気づきかもしれません。大勝ちして大損したら何も残りません。この書籍を読んで、素直に気がつくことができた人は、大きく得をしたことと同じです。おめでとうございます。

このリスクリワードレシオを守るということは、決して簡単ではありませんが、感情を殺して冷静になれれば（自分がロボットのようになったり、システムになれば）うまくいきます。単純作業ということです。私は、損切りもルーチンワークにして、負けトレードが続いたら自分のトレードスタイルを見直して分析して、不安になったら先生のトレード実績を見せてもらうなど工夫して感情をコントロールするようにしました。

私は、リスクリワードレシオが、2で勝率が50％のトレード手法を使っていますが、決して簡単にこの数字を出せたわけではありません。勝率を追及して、大きく負けているときの方が、精神的にはものすごい「楽」でした。不思議ですが、負けても達成感がありました。負けて喜んでいるマゾ的な自分もいました。

しかし、今は違います。勝ち続けることを意識して、違う苦しみを取ったのです。お陰で資産が増えるように変わりました。現在、コンビニのアルバイトも辞めてしまった私は、このトレード1本で利益を出して生活し続けなければいけません。大きく負けたらトレード人生も終わってしまいます。そんな危険な賭けはもうできません。

このような理由から、私が初心者には、まず「リスクリワードレシオが重要」だということを理解していただき、実践し、今、この瞬間の「快楽」に手を染めず、痛みを知り、山を越えていただければと思います。それができれば、それまでの辛さは一瞬でなくなり、本当の継続する「快楽」を得られるという極楽の世界に変わるからです。

【３．雇用統計の日の大勝負】

勝負トレードにおいて、私が習った方法は、雇用統計の日の大勝負です。この日は、多くのトレーダーがトレードをお休みするくらい危険デーともいわれている日です。それは、アメリカの経済指標の１つである雇用統計の発表によって、為替に大きな変動があるからです。

アメリカの雇用統計発表のタイミングは、毎月１週目の金曜日です。こちらは、世界中のトレーダーが注目しております。しかし、この危険デーにプロのトレーダーは、秒速で何１００万円を稼ぎ出したりしているのです。恐ろしいことです。この日は為替の変動が大きいので、負けたら本当に大損をします。何億も失って死んでしまった人たちもいるというのに……。

だから、初心者は、この日はトレードから離れて、お休みした方が良いといわれています。何もしなければ大負けをすることもないからです。だけど、そんな日に勝っているプロのトレーダーたちがいるならば、その手法を知りたいと思いませんか？
私は、喉から手が出るほど、この日の勝てる手法を知りたいものでした。そこで、この方法を私は、山崎先生に聞いてみたら、さすが！　です。知っていました。こうして、私は、雇用統計の発表前後の30分間を使って、鉄板で勝てる方法を知ったのです。

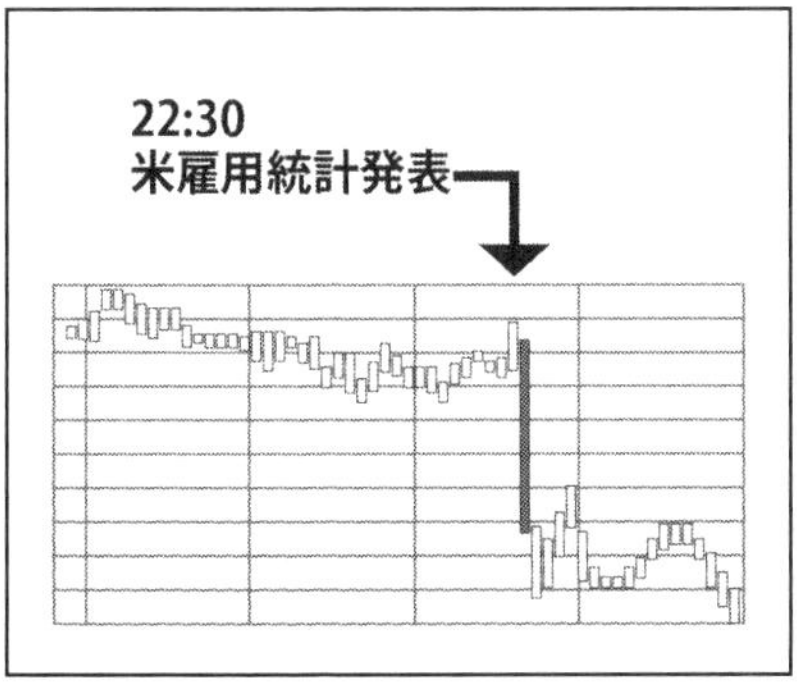

なぜ、雇用統計の発表前後の30分間を使って稼げるのか？
それは、為替の変動が大きくなるからです。例えば、円ドルの通常の値動きは、1日かけて100pips前後だとします。この値動きが、この雇用統計の発表後に1瞬にして、ぴゅーと動くのです。大きく下がったり、大きく上がったりするというわけです。一斉に売られたり、一斉に買われたりするということです。

上記のチャートのように、一瞬にしてレートが変わるのです。この時に、レートが下がるなら、売りに出していた人が稼げますし、レートが上がるなら、買っていた人が稼げます。

ここで、鉄板トレードとは、いかに、リスクを減らして勝つか？　ということになります。

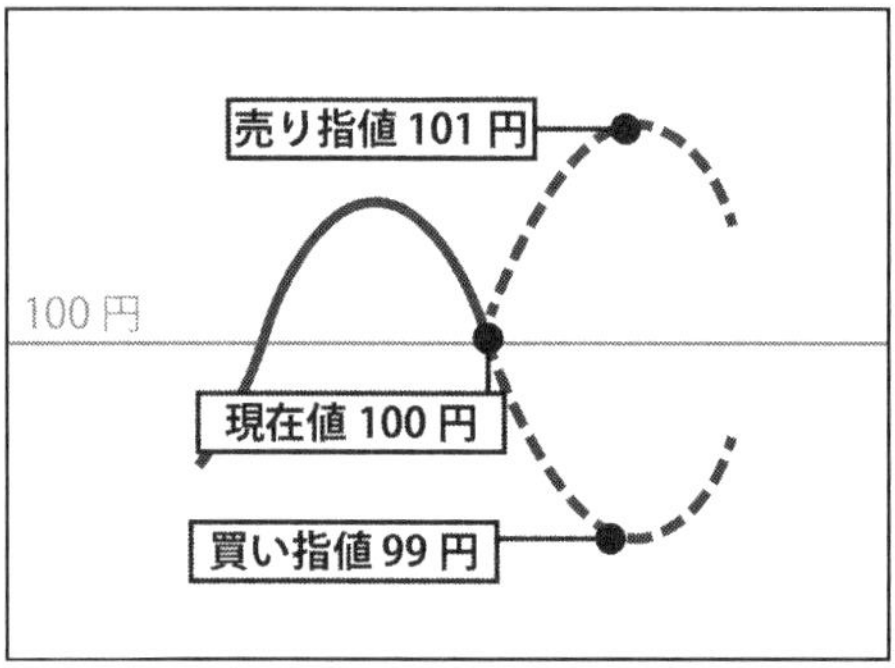

方法は簡単！

実は、アメリカの雇用統計の発表のタイミングで勝負する鉄板トレードの方法は、凄く簡単なのです。これは、初心者でもできます。しかし、必ず、ルールは守ってください。

こちら、時間指定の両建てで、OCOの注文をするだけです。

両建てのＯＣＯの注文とは、買いと売りの両方をセットして、同時にポジションを持って、それぞれに利益確定と損失確定の注文を入れる方法です。

例えば、利益確定を60pipsとして、損失確定を30pipsとします。売りも買いもリスクリワードレシオが2という感じです。

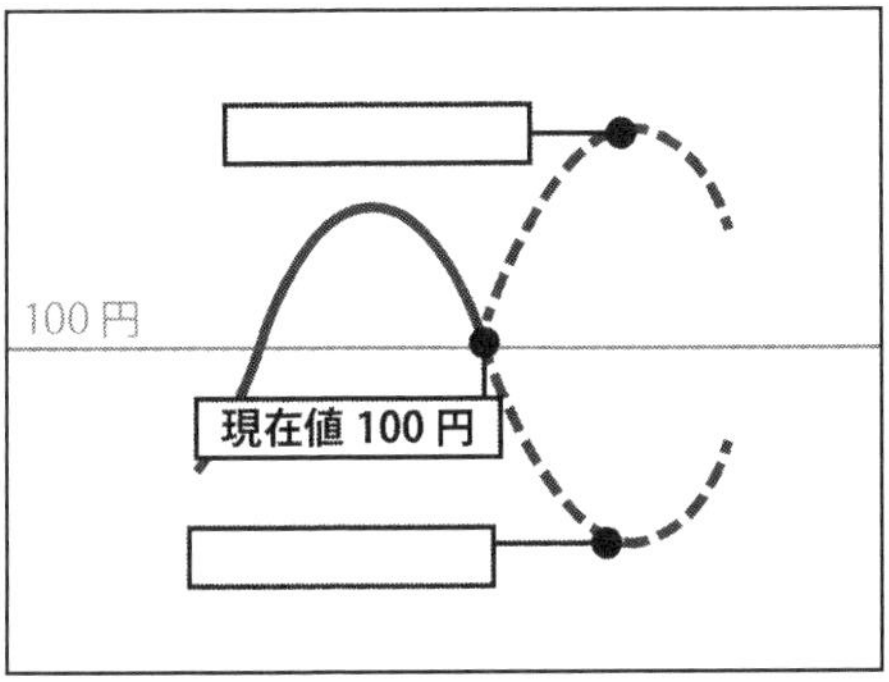

雇用統計発表後……

100円で買い、100・60円で利益確定を設定。99・70で損失確定を設定します。

一方で100円を売り、99・40円で利益確定を設定。100・30で損失確定を設定します。

どちらかで、60pips勝って、どちらかで30pips負けることになりますから、プラスマイナス30pips勝ちます。こちら、100万円を1万通貨で取引していたとしたら、3000円勝ちますし、10万通貨で取引していたら3万円勝つことになります。

このやり方で、利益確定と損失確定の幅を調整することで、リスクリワードは同じでも、稼げる金額は変わってきます。

例えば、100円で買い、100・80円で利益確定を設定。99・60で損失確定を設定します。一方で100円を売り、99・20円で利益確定を設定。100・40で損失確定を設定します。

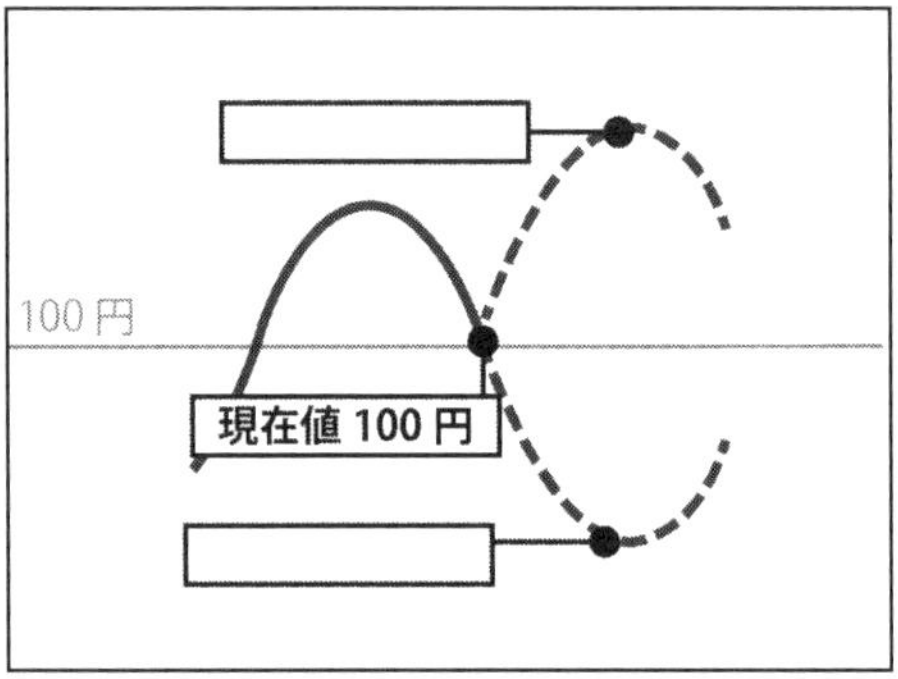

どちらかで、80pips勝って、どちらかで40pips負けることになりますから、プラスマイナス40pips勝ちます。こちら、100万円を1万通貨で取引していたとしたら、4000円勝ちますし、10万通貨で取引していたら4万円勝つことになります。

そして、プロのトレーダーは、このような取引を同時に2ペアずつセットしたりしていて、

30pips×2+40pips×2=60pips+80pips=140pips

1万通貨であれば、1・4万円。10万通貨であれば、14万円となります。
そして、100万円通貨でトレードしていたら、140万円になるというわけです。

これらの設置ができるFX会社と、できないFX会社がありますので、ツールやアプリのシステムの使い方や、会社との約定を良く調べてから実践するようにしてください。また、システムが弱い会社だと、売買が集中してサーバーがダウンして使いものにならなかったりするので注意しましょう。

鉄板トレードの条件

1. OCOの注文ができる
2. 時間指定の注文ができる
3. 両建ての注文ができる
4. 雇用統計発表の時に、もう一度OCO注文ができる
5. スプレッドが大きく変化しない

【4．勉強不足のトレンドでは勝負をしない】

初心者のときは、勉強不足どころか……まったく勉強もせずに、利益をでっかく狙ってトレードしていました。それでは負けてしまいます。仮に、リスクリワードを設定していても、すぐに、ロスカットにあってしまうような設定をして負けていました。

例えば、私は、リスクリワードを２で設定していますので、１００ｐｉｐｓに対して50ｐｉｐｓだったら損切設定をしてから、トレードに臨みます。リスクリワードが同じでも、10ｐｉｐｓに対して５ｐｉｐｓとかだったら当然負けやすいですよね？値動きの幅があり、簡単に上下して波を打つと、なおさら負けやすくなります。

反対に、ロスカット怖さに、利益を大きく狙い過ぎている人も、負けやすくなります。それは、なかなか利益確定されないからです。利益確定されないうちに、一時的なトレンドの逆行でロスカットにあってしまったりするのです。だから、私はスイングで可能な限り、勝ちやすいトレードの幅の中でトレードするように気をつけています。ドル円だと1日に100pipsくらいの値動きがあります。だから、スイングトレードをしていますが、デイトレーダーであれば、ポンドとかだと200pips〜300pipsくらいの値動きがあります。

その日の安値と高値がありますので、**第2章【4．勉強しないで直感トレードでボロ負けに】**でお伝えしております、トレンド、サポートライン、レジスタンスラインを引いて、その日のトレンドと幅を予想します。そして、その200pips－300pipsあります幅の中の予想される値動きのところで、直近の100pipsの動きの狙いを定めます。

リスクリワードにのっとって、利益確定と損失確定を入力したら、放置です。後は、どちらかに確定したときにメールで通知がされますので、その時に記録をノートに記載して、

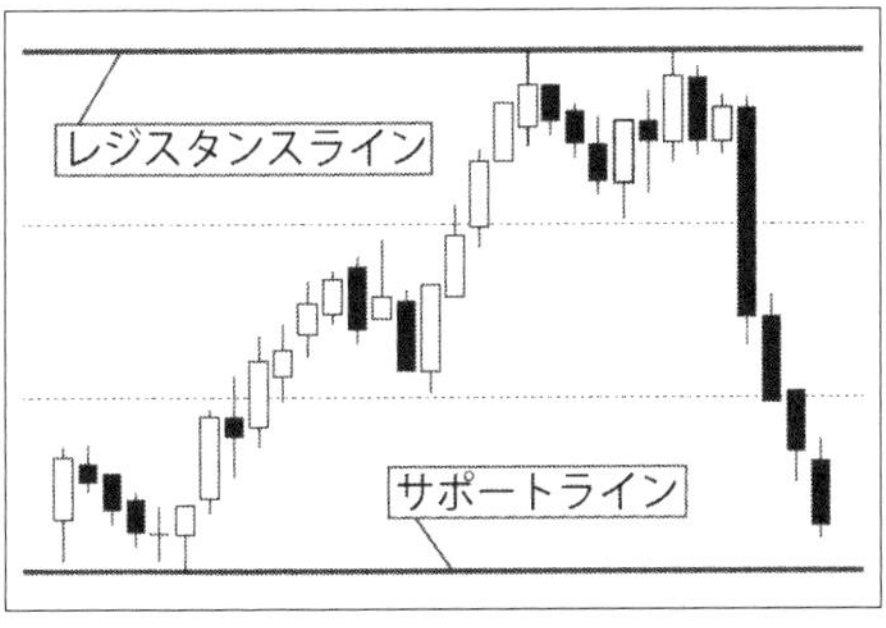

その後の分析に役立てます。もしも、負けが続いたときには、今、証拠金の何％くらいでトレードをしているか見直しましょう。負けが続くとどんどん証拠金の％が少なくなってしまいます。

勝負のときでない限り、安定トレードのときは、証拠金の％がいくつになるまで勝負をするという方法ではなくて、最初からリスクリワードを守りましょう。ロスカットされても、トータル的には勝つように設定してあるから大丈夫です。そして、読みが甘いから赤が続いてしまうという人がいますが、それは、実は違うのです。

先ほどもお伝えしている通り、実は、赤が続いてしまう人というのは、読みが甘いから……ということではなくて、欲が深いから赤が続いてしまっている場合もあります。つまり、欲が深いため、利益確定の幅を広く取り過ぎていて、なかなか到達しない間に、逆のトレンドに向かってしまっている……というパターンになります。

しかし、リスクリワードを設定しているから、赤が出ても、気にせずにどんどんトレードして良いのか？　というと、私はそうは思いません。私の場合は、多くても、

3回負けが続いた場合は、その日の相場状況が、自分の取引事情に合わないと判断して、その日のトレードはお休みします。そういうときは、本当に何度でも負けますので、一回、自分を落ち着かせるという意味でも、私はトレードを続けるのは止めるようにしています。

そして、過去の実績から、自分の負けパターンの繰り返しを眺めて、どうして負けたのか？　を分析して、研究をするようにしています。苦手な相場パターンを攻略することも、まるでゲームをやっているようで、時間の暇つぶしのようになっているのかもしれません。クロスワードパズルや、謎解きと同じような気分で自己分析しています。

初心者の人が、最初からツールを使ってトレードすれば負けない、という話を鵜呑みにして負けてしまっているパターンもありますが、ツールを使うのは、本当に、提供する業者の狙いに注意した方が良いと思います。ファンドから出しているツールは、

あなたが負ければファンドが儲かる仕組みかもしれません。

私は、過去にバイナリーオプションに誘われまして、ＦＸよりも勝てるからといわれてセミナーに参加したことがありました。その説明では、最大8万円勝てるものを、4画面同時に4通貨ペアでかけて、32万円勝てるという手法でした。その勝てているときの理論理屈的には、同じようにＦＸでも再現ができます。

勝てば！の話ですね。しかし、ＦＸとバイナリーオプションの違いは、勝ったら8000円もらえて、負けたら1万円払うというものでした。その時の私は、リスクリワードについて勉強済みだったので、**なんだこりゃ？**　最低だなって気がつきました。そして、やらないと断りましたが、友達は、そのまま入塾してしまいました。

ツールをプレゼントされて、そのツールでサインが出たときに、そのサイン通りに売買をすれば、勝つか？　負けるか？　を、そのツールが教えてくれるので、そのツールの勝率が高ければ高いほど、確実に勝てるのだ！　という説明でした。でも、そも

そも、その会社との取引の決まりが、こちらが勝ったら8000円もらえて、負けたら1万円というところが私には、負ける取引なんてそもそもしないと思ったので、気に入りませんでした。

後日、友達と再会したときには、全然、勝てないという報告でしたので、自宅にたずねて、そのツールを見せてもらいました。そうしたら、なんとも恐ろしいことに、勝つか？　負けるか？　を教えてくれるサインが全部、逆に出ているのです。私は青ざめました。初心者を完全にだましているのです。なんじゃこりゃ？

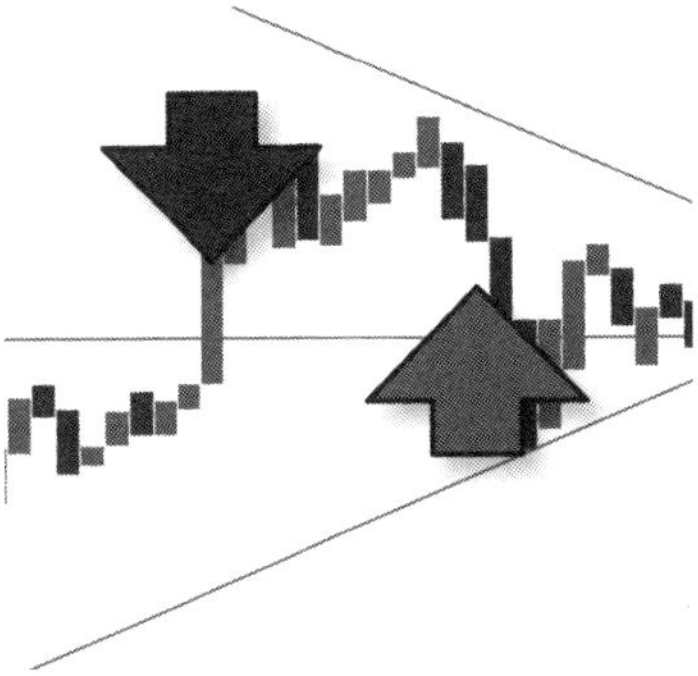

このサイン、完全に逆なんですけれど……？　どうして、買うときに、売るサインが出て、売るときに買うサインが出てるの？　この通りにやったら負けるに決まってるじゃん。どうやら、その会社は、お客様を紹介すると、手数料がもらえて、更に、お客様が負けると手数料がもらえるとのことでした。だから、初心者で何も分からない人たちをだまして、負けさせて、最初の金種をガツンと業者の儲けにしていたの

です。悪徳ですね？

本当にこういうあくどい会社があるんだと知り、私もショックを受けて帰りましたが、ＦＸでも、買いたいときに決済ボタンを押しても、跳ね返してきてしまうときがあります。これは、必ず勝てるというシーンで買えないのです。同じように、一斉に買いや売りが入るから、機械が自動的に跳ね返しているようですが、実は、裏では手動で拒否ボタンを連打している場合もあるそうです。

例えば、99円から１００円にぐわーっと上がると分かった瞬間にデイトレードをしていて、購入しようとしますが、買えないのです。それで、もう一度、購入ボタンを押しても、跳ね返されて、もう一度押しても跳ね返されて、気がつけば、１００円まで到達してしまって、１円も値上がりし、目の前に座り、トレードもしていたというのに、そのチャンスを買い逃してしまうパターンです。

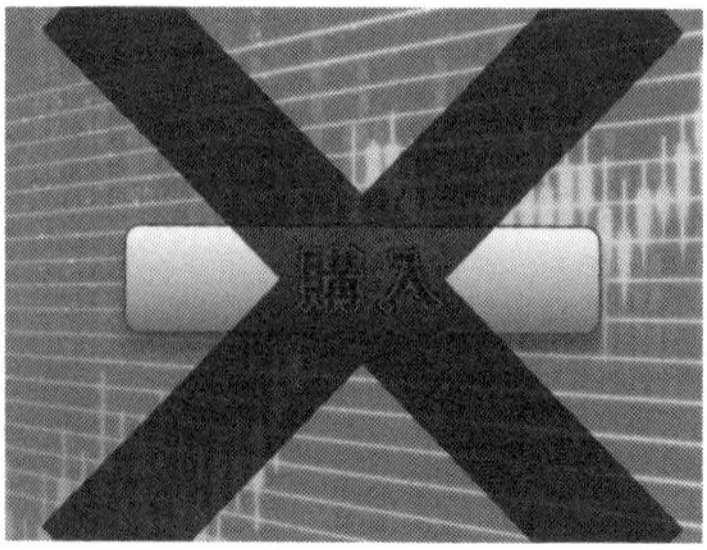

そして、100円の時にやっと購入できても、もう、遅くて、その時に買いで入っても、上がった相場は下がるものなので、そのまま、また、相場は逆行してしまい負けてしまうのです。これも会社が儲かるために操作されていることになります。手動でやっていると、こういう環境にも巻き込まれます。あらかじめ、事前に予測してセットしておけば、なかなか拒否されることはありません。

だから、私が使っているのは、その購入と決済の自動システムだけで、トレードのツールは基本的には不具合とか起きそうですし、負けたときに、自分でやってれば、自分の判断ミスのせいだと思えますが、ツールを使って負けていたら、その責任をツールの会社にも問えませんし……自分がツールを使っていることを反省するしかないので、私はやっていませんし、オススメもしていません。

【5．1日1万円稼ぐにはどうしたら良いか？】

500万円持っていたら、10pips利益確定しただけで1日1万円は稼げますが、初心者の頃は、500万円もありませんから、1日という縛りがある場合は、

100万円はあるとして……10pips～30pipsを何回かに分けてトレードした方が、1回で1万円を目指すよりは、トータル的には、勝てるようになると思います。その代わり、その時の損切も小さくして確実に小さくコツコツ稼ぐ系ですね。

例えば、ドル円の100万円で、レバレッジ1倍だと、1万通貨で取引することになるので、300pipsで利益確定するとした場合、3000円が稼げて、損失確定は200pipsにすると2000円が負けることになります。ドル円だったら、1日1000pipsくらいしか動かないので、ドル円の中でも少し値動きの変動しやすい時間帯を狙うことで、1日に3回勝てば9000円×22日＝19・8万円ですね。

でも、初心者のうちは、その100万円がないので、20～30万円の金種だとどうしても、ハイレバになってしまうんです。時間は取られますから、割に合わないと思って辞めてしまいます。

例えば、ドル円を20万円の金種で0・2万通貨取引するとします。レバレッジは1倍です。30pipsで利益確定すれば、600円稼げます。この時の損失確定は20p ipsです。負ければ400円の損失をするデイトレード計画です。1日に3回勝つと、600円×3回＝1800円×22日間＝39600円。毎日コツコツとできるとも限らないので、80％達成としておきましょう。すると、31680円の利益です。

この3回勝つまでのトレード回数は、負けも含みますから、例えば、時給にしたら、480円～720円。効率が良い勝ち方をしても、時給1000円くらいでしょうか？

そんな風に、種金が少ないと負けるリスクも低いかもしれませんが、労力のわりには、小さな利益しか出ないため、満足しない人が多いのです。不満を抱いてしまいます。

そんな安い労働のためには、頑張りたくない！　自分の自由な時間を取られたくない。と思ってしまいがちです。実際に、私はそうでした。だから、ガンガン、フルレバ勝負をして、負けてはコンビニで働いて、また、投資をしての繰り返しをしていました。今考えると、20万円～30万円を3～5回繰り返し入金できたなら、100万円も自分で作れていたということなんですよね。

つい、20～30万円だったら、負けても、いいや。また、1カ月働けば稼げる金額だよ！　って思えますが、１００万円だったら、失いたくない！　という大金感が自分の中では働いてしまって、最初からえいやぁっと１００万円は出せなかったんだと思います。でも、それでも良いと思います。

初心者のうちは、どうせ、負けるのですから、最初から１００万円で勝負して全額負けてしまって、退散しては、負けるお勉強もせずに、単なるＦＸ嫌いになっていただけだと思うからです。自分がいいや。と思える余裕資金でやるからこそ、命がけとは言わずに、多少は楽しんで遊び感覚で出来たのも、継続の秘訣だと思うからです。

【6．安定トレードと勝負トレードで資産を増やす】

初心者の時は、すぐに利益確定をしてしまい、**損失はどんどんどんどん増えても、確定を先延ばしにしていました。**現在は、安定トレードと勝負トレードで分けていて……。

まずは、安定トレードで、利益を倍に増やしていきます。そして、めったにはこないのですが、たまたま、自分の得意なチャートになったり、勝負どころでは、増えた利益の半分を全額勝負して、フルレバで勝負します。そんなとき、負けると、初心者みたいだなっといわれますが、それは、自分の中のルールとしているので、本当にギャンブルしちゃってます。

しかし、そのギャンブルができるのも、安定トレードでコツコツと稼いでいるからです。そして、お伝えしたように、増やした金額の半額以上の負けは絶対に許しません。それを超えるようなギャンブルはしていません。

ギャンブルなので、半々の勝率ですが、それを自信のあるチャートで勝負することで勝率は60％になっています。それでも、トータルで勝てると大きいので、勝負トレードをコンスタントに入れています。

特に、金種が大きくなれば、安定トレードだけで生活ができてきますが、金種が小さいうちは、早く金種を増やして安定トレードだけで生きていきたくて挑戦していました。コンビニ店員の時は、金種を増やすために、ＤＪも休んでコンビニのバイトをたくさん入れて、バイトしまくって金種を作ったこともあります。

大きく負けると、また、コンビニのバイトを増やして、勝負するというなかなか、バイトを辞められない生活が続きましたが、先生に出会ってすぐに、自分の弱点が分かり、負ける方法が分かり、負けない方法が分かり、勝つ方法が分かり、勝ち続けることができるようになりました。

やはり、非常識に勝っている人よりも、安定志向で勝ち続けている人に、教わるのも1つの手だと思います。

第5章
1日15分のトレードで1万円を狙おう

【1．トレード計画を立てよう】

負けないための心構えとしては、無理のないトレード計画を立てることです。何度もお伝えしているように、欲張ると負けてしまうので、本当に薄利多売とはいいませんが、まずは、負けないトレード計画を立てて、そのルールに従って実践していきましょう。

初心者がもっとも負けやすく、陥りやすいパターンは、早く金種を増やしたくて、ハイレバレッジでしかできないような取引計画を立ててしまうことです。これだと、ハイリスクですから、私のように、トレードをやって少し勝っても、ハイレバでは負けるときも大きく、結局、全額失う！　という結果が見えてきます。

本当に、この悪循環には、分かっていても陥ってしまいがちです。私は、本当に、初心者の頃は良く分からずに、はちゃめちゃにトレードしていたので、負けていましたが、その知識を得てからは、本当に注意深く守るように変えました。

無理のないトレード計画は、小資本の頃は物足りないかもしれませんが、その後、資金が大きくなれば大きくなるほど、だんだん、誰でも安定志向にはなっていくものなので、うまくいくと思います。

つまりは、初心者で10万円しか所持金のない人は、月１００万円も稼ごうと思わないことです。本職で稼いで、とにかく１００万円にした方が良いですし、１０００万円にした方が良いと思います。１０００万円の金種があれば、月１００万円稼ぐことは余裕になるからです。

１００万円の金種でも、20％くらいを目指すのが妥当かと思います。もちろん、世の中には、60％勝ってますとか、そういう驚異的な人もいますし、必勝法などと宣伝したものもありますが、それで生き残っている人はいないということを忘れないでください。世界で一番稼いでいるといわれている、一番大きなファンドの社長でも、22％だといっています。

つまり、勝ち続けるということと、一生に一回だけ勝つというのは、大きく違うということです。一生に一回だけギャンブルみたいに大きく当てることは、それ以上に負けているのだと思ってください。勝ち続けること、勝ち続けて生活費を稼ぐこと。ここが目標になるとトレード計画がいかに大切か分かってもらえると思います。

よく考えてみてください。金種が１０００万円あった場合、月１００万円を稼ぐのは、10％なんです。20％よりも少なくて良いのです。それなのに、金種が20万円しかない人が、毎月50万円欲しいとか１００万円欲しいと言っているのです。例え、毎月30万円だったとしても……。それは、凄く大きな数字を目指して欲張っているということが分かりますね？

金種１００万円の人でも、20％は20万円です。
金種20万円しかない人が、30万円欲しいというのは、欲張りです。
金種20万円しかない場合は、４万円を稼げたら本当に凄いということです。

安定トレードをしたいのか？　勝負トレードをしたいのか？　でも、トレード計画は変わりますので、自分のルールを決めて、楽しみながら実践していきましょう。今回は、一緒に1日15分のトレードで1万円を狙う方法のトレード計画を立てていきます。

ポイント　経済指標で1日1万円の狙い撃ち

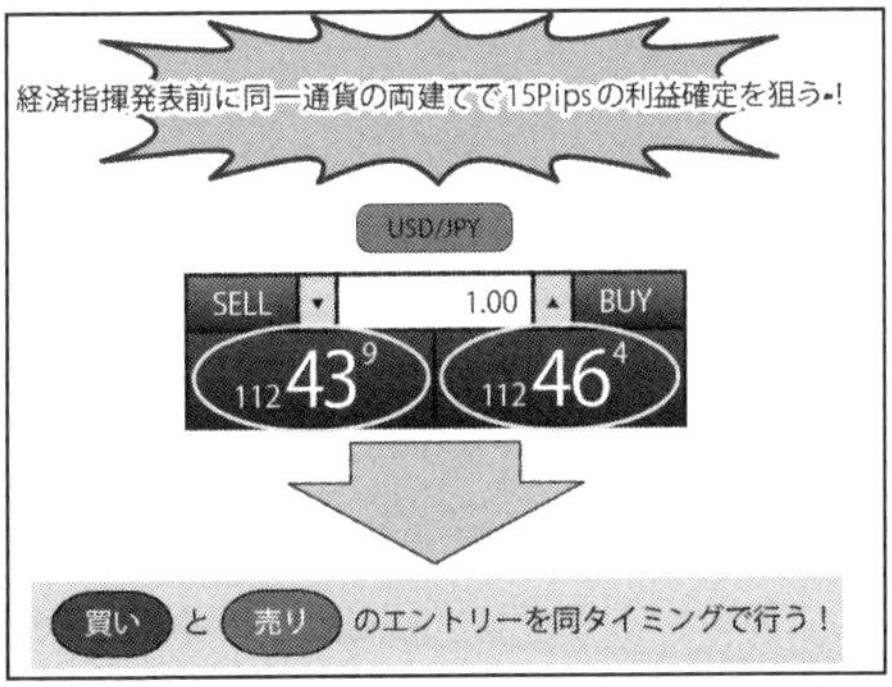
経済指標発表前に同一通貨の両建てで15Pipsの利益確定を狙う！
USD/JPY
SELL
1.00
BUY
112 43 9
112 46 4
買い と 売り のエントリーを同タイミングで行う！

第4章「安定&勝負トレードで資産を増やす」3．雇用統計の日の大勝負にてお伝えしている方法と同じやり方を試します。

アメリカの雇用統計の日以外にも、経済指標の発表はいくつかあります。

例えば、2016年4月に予定されるアメリカの経済指標の中で15pips以上の動きのあったニュースはこちらになります。

前回の動きの比率を一番上に表示しています。このような経済指標は各国で発表されており、それによって為替の値動きが左右されます。

26pips　4月1日（金）21時30時　非農業部門雇用統計／失業率（雇用統計）
25pips　4月1日（金）21時30時　ＩＳＭ製造業景況指数
25pips　4月1日（金）21時30時　建設支出（前月比）
26pips　4月5日（金）21時30時　貿易収支
16pips　4月13日（水）21時30時　小売売上高／小売売上高（除自動車）（前月比）
16pips　4月13日（水）21時30時　生産者物価指数（前月比）
16pips　4月13日（水）21時30時　生産者物価指数（コア）
15pips　4月14日（木）21時30時　消費者物価指数（前月比）
15pips　4月14日（木）21時30時　消費者物価指数（コア）
16pips　4月15日（金）21時30時　ＮＹ連銀製造業景気指数
15pips　4月19日（火）21時30時　住宅着工件数
15pips　4月19日（火）21時30時　建設許可件数
21pips　4月21日（木）21時30時　フィラデルフィア連銀景況指数
64pips　4月27日（水）3時00時　ＦＯＭＯ政策金利発表
23pips　4月28日（木）21時30時　四半期ＧＤＰ（速報値）（前期比年率）
23pips　4月28日（木）21時30時　四半期個人消費（前期比）

23pips　4月28日（木）21時30時　四半期コアPCE（速報値）（前期比）

このような経済指標の発表の日に、狙い撃ちで10分から15分以内に利益確定を狙おう！　というトレード計画です。メリットは、サラリーマンの人でも、アメリカと日本の時差がありますので、副業のように、お小遣いを稼げるチャンスという夜の時間帯の発表が多いところです。

今回は、ドル円なので、アメリカや日本の経済指標に注目し、15pipsを狙うわけですが、ヨーロッパの経済指標でユーロドル、ユーロポンドなどは、もっと大きく値動きしていますので、そちらで同じことをしていけば、世界中のニュースの狙いうちができるようになります。

実践1　エントリーのタイミング

経済指標の直前は、多くの人が参戦する関係か？　システムが不安定になり、設定を失敗することがあります。ですから、余裕を持って、経済指標の30分前にはエントリーをしましょう。

実践2　注文方法

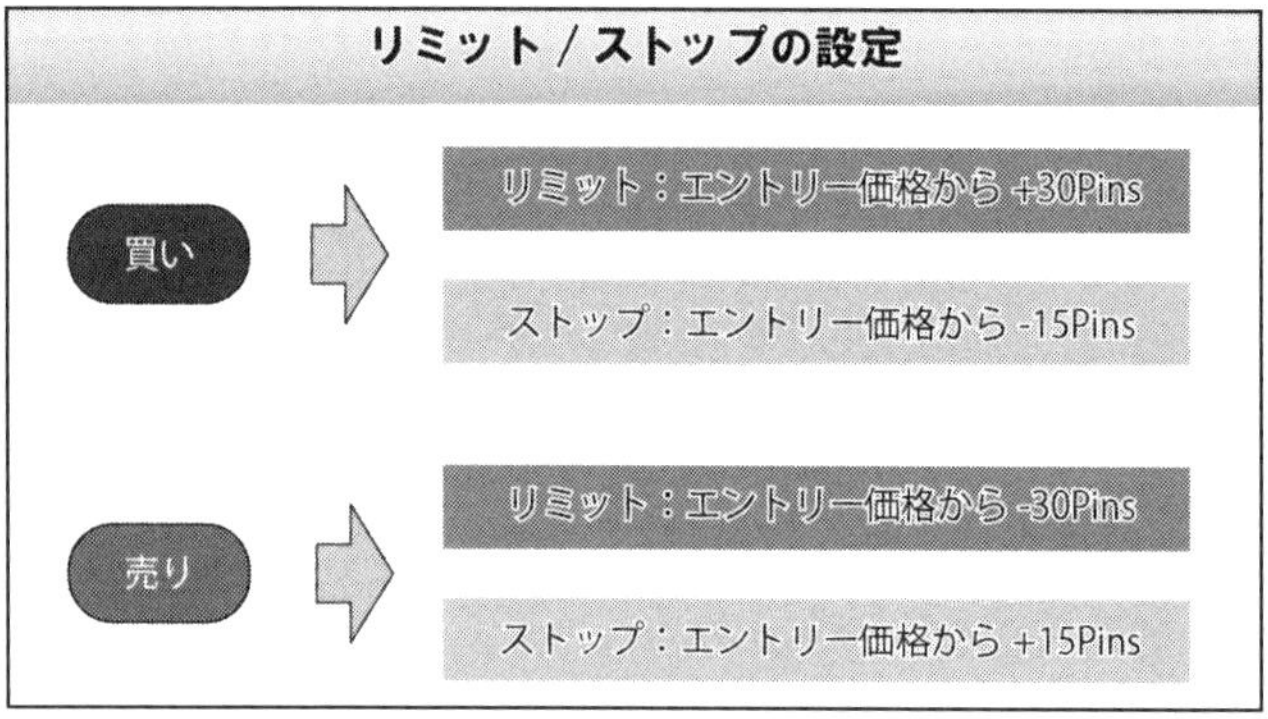
リミット／ストップの設定
買い
リミット：エントリー価格から +30Pins
ストップ：エントリー価格から -15Pins
売り
リミット：エントリー価格から -30Pins
ストップ：エントリー価格から +15Pins

両建ての時間指定注文をします。

買い設定は、
利益確定を＋30ｐｉｐｓ
損失確定を－15ｐｉｐｓ

売りの設定も
利益確定を＋30ｐｉｐｓ
損失確定を－15ｐｉｐｓ
にします。

ロットは1Ｌｏｔ（10万通貨）で取引をして、15ｐｉｐｓの利益確定で15000円となるようにします。これにより、エントリーしたときのスプレッドを差し引いたとしても、1万円の利益を得られるように計画します。

※1Lot(10 万通貨) で取引した場合、15Pips の利益確定で 15000 円となるので、エントリーを行った時のスプレッド分を差し引いても 10000 円の利益を狙うことができる。(USD/JPY での取引を想定した場合)

↓

取引例 (※USD/JPY のケース)

買い：120.15	リミット：120.45	ロスカット：120.00
売り :120.17	リミット：119.87	ロスカット：120.32

↓

経済指標発表後に買いポジション、売りポジションが共に決済された場合、リミットとロスカットの差 (15Pips) が利益となる。

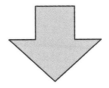

実践3　レバレッジの設定

レバレッジは、あなたの金種によっても、1万円を稼ぐことを頭に入れたときには人によって変わります。金種が少ない人ほどハイレバになってしまいますが、ここは鉄板トレードの1つなので、勝負をかけてみても良いかもしれません。でも、初心者は無理をしないでください。

1ドル100円とした場合のときの計算方法です。

金種が100万円の人はレバレッジを10倍にセットします。

金種が30万円の人はレバレッジは30倍です。日本では、レバレッジは25倍までなので、その場合は、海外口座を利用しましょう。海外口座はレバレッジ1000倍まで可能なところもあります。

昔の日本は、負けたときは、その負債を全部自分が被って返済しなければいけませんでした。

しかし、海外口座の1000倍の会社は、あなたが1万円を取引していて、

投資資産ごとの想定レバレッジ

1. 100万円の場合 → レバレッジ**10**倍
   ＜計算式＞
   1000万円(10万ドル)÷100万円(投資資金)＝10
2. 50万円の場合 → レバレッジ**20**倍
   ＜計算式＞
   2000万円(10万ドル)÷100万円(投資資金)＝20
3. 30万円の場合 → レバレッジ**30**倍
   ＜計算式＞
   3000万円(10万ドル)÷100万円(投資資金)=30

※USD/JPYで取引を行った場合
※1ドル=100円とする。

１０００倍のレバレッジをかけても、勝ったときには全額もらえますが、負けても１万円しかとられません。

もしも、あなたが50万円を持っていたら、1万円で50回は勝負できますから、1度くらいは、勝てるだろうと思えませんか？

しかし、レバレッジを１０００倍にするということは、その分、ロスカットされるのも早いため、瞬時に負けてしまうので、レバレッジが高いからといって良いわけではないということを知っておきましょう。

それで勝とうとするのは、浅はかだということです。だから、ＦＸは欲深いと勝てない仕組みになっているのです。日本の20倍くらいままで勝負できるように金種を増やしましょう。

実践４　決済のタイミング

決済のタイミングは、15分後を目安にしましょう。そして、15分が経過しても、どちらにも決済されておらず、ポジションが残っている場合は、エントリーを取り消します。

取引時の注意点1　スプレッドの拡大には要注意！

ＦＸ会社によっては、経済指標の発表の前後でスプレッドが大きく広がってしまうケースがあります。その場合、利益を得られにくくなってしまうため、他の口座と比べて比較的スプレッドが安定している口座で取引をするように注意しましょう。

リアルトレードをする前に、必ずスプレッドの動きは確かめましょう。

取引時の注意点2　変動率の高い経済指標の選択

注目している投資家が多いほど、為替の値動きは大きくなる傾向があります。そこで、できるだけ、発表後の値動きが30ｐｉｐｓ以上動く可能性の高い経済指標を選択して、1万円をワンタイムで稼ぐ経験を得てください。

トレード計画を立てることは、時間給にしてしまうと、あまりに少なくてやってられなくなる「気がめいる」感情の凹みをコントロールするのにも役立ちます。金種が多くなると、時間給も高くなるので頑張れるのですが、100万円あれば20万円になるところ、10万円しかないと2万円のために、どれだけ時間を使っているの？　と不満になってくるからです。

しかし、長期でトレード計画を立てれば、今は2万円でも、未来は1億円だぁ〜。　などと思いながら夢のあるトレードができるので、そのような意識上げのためにも役立ちますのでオススメです。何のために今、トレードを学び練習をしているのか？　そのような行動理由も明確にしておくと長続きすると思います。

【2．100万円で勝負できるなら】

今度は、初心者でも意識が上がる月100万円を稼ぐ方法についてですが、**第4章「安定&勝負トレードで資産を増やす」3．雇用統計の日の大勝負でお伝えした方法**の中から具体的な実践をしていきましょう。

上がって下がって、みたいなパターンだと、両方負けてしまう場合もありますので、勝つためには欲を出さずに行きます。欲を出すとうのは、この機会に100pipsは欲しいよねぇと思って、勝ったら100pips、負けたら、50pipsなどの設定にして50pipsは勝っていこう！　とすることです。これは欲張りです。

確実に勝っていきたいので、値幅を小さくして確実路線を狙う代わりに、レバレッジを上げていきます。金種が100万円のドル円の場合、1万通貨でレバレッジ1で1円（100pips）動くと10万円が動きます。レバレッジが5倍であれば、1円（100pips）動くと50万円が動きます。フルレバということは25倍なので、

250万円も動きます。

そこで、雇用統計のときは、勝ちが15pips、負けが10pips
または、勝ちが20pips、負けが15pipsで設定します。
これで、値幅も少ないですし、必ず5pipsは勝ちます。

金種が100万円のドル円の場合、1万通貨でレバレッジ1で5pips動くと
5000円勝ちます。レバレッジが5倍であれば、2・5万円。フルレバだと25倍な
ので、12・5万円になります。このようなことは、頭では分かっても、いざ、実践
となると感情が入ってしまうものです。

また、最初はルールを守って勝っていても、少し勝ち続けるとまた今度は欲が出て、
ルールを破り、最後は負けるものです。是非、そのチャンスが来るまで、耐える力も
身につけましょう。私は、勉強するまでは感情トレーダーで、勉強してからは、ロボッ
トトレーダーに変わり、ルールをしっかりと守るトレードに変わりました。

【3．フルレバは死ぬよ】

私は、初心者の頃は、ドル円で20〜30万円でトレードをスタートしたのですが、1万通貨で取引したりしていました。今考えると、もはや、それは、ハイレバだったのだと気がつきます。勉強後は、1ドル100円のケースだったら、100万円の金種でやっと1万通貨の取引です。0・1での設定ですね。これだとレバ1になります。

レバ2くらいのときは、500万円で、だいたい設定は1でトレードしています。0・1ではなくて、1でトレードしています。レバレッジはFXの特徴にもなりますが、手元の金種が少なくても、レバレッジ＝取引保証金をかけることで、何倍もの金額を取引できますので、勝った時も、負けた時も、影響が大きくなります。

例えば、あなたが10万円を金種としてトレードに使えるとします。しかし、10倍のレバレッジをかけることで、金種の10万円×10倍＝100万円を持っている人と同じ取引ができるようになるということです。

10万円の取引保証金でレバレッジをかけた運用例（1米ドル=100円の場合）

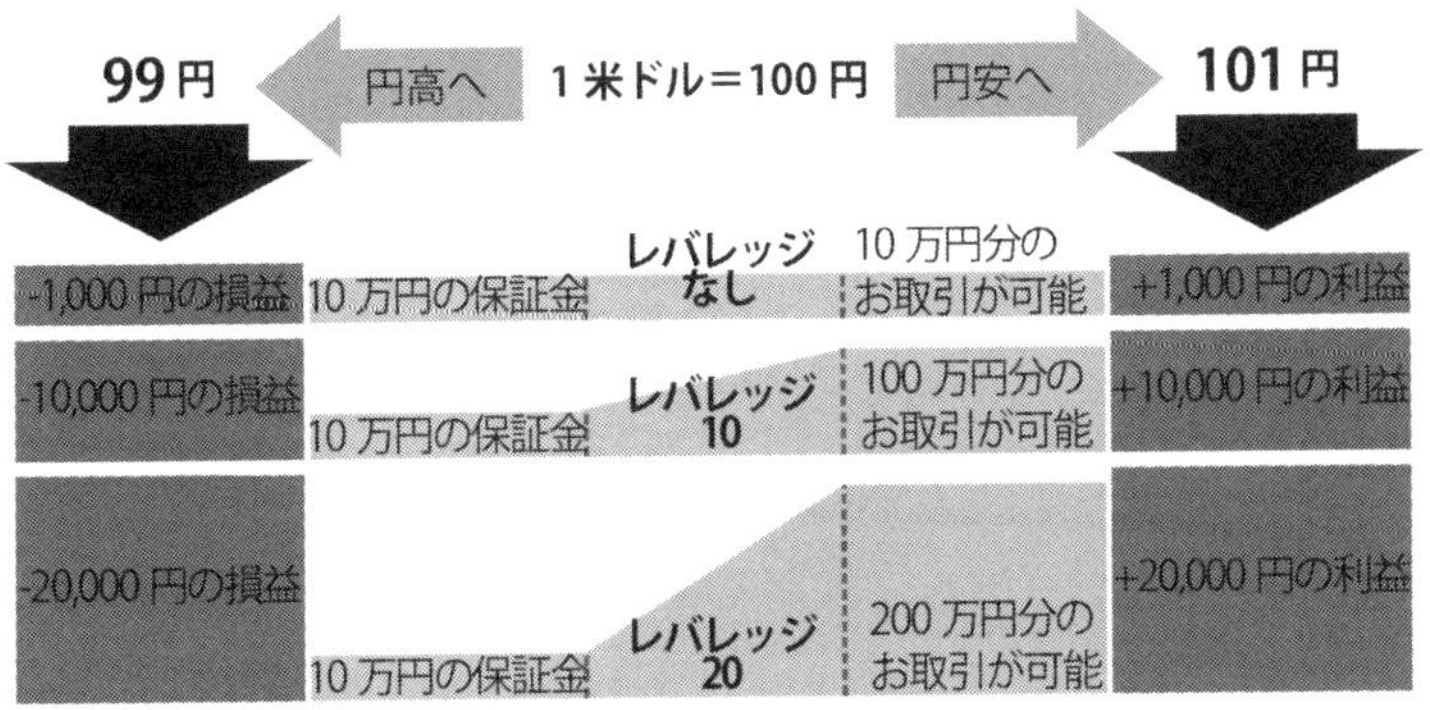

レバレッジを利用すると、利益も倍だが損失も倍！

海外だとこれが、1000倍まであったりします。日本は25倍です。フルレバといえば25倍で取引をすることですから、先ほどの10万円で考えたら、250万円ということになります。

デイトレで勝負のときは、値幅がそこまで大きく動かない通貨ペア（ドル円など）で、得意相場が現れて、金種に余裕があることを確認して、チャンスを掴んでいます。それこそ、大きいレバレッジを利用します。フルレバで勝負をかけるときもあります。反対に、値幅が大きく動く可能性のある通貨ペアであれば、同じ勝負トレードだったとしても、スイングで低レバレッジを使うなどして、運用方法を調整し、リスクを上手くコントロールできるようになりました。初心者の場合、まずは低いレバレッジから始めることをおすすめします。

しかし、初心者に限って、そこら辺の勉強が不足していて、金種が少ないのに、フルレバで得意かどうかも分かっていない相場で手当たり次第に、勝負だと連打して大損して退場せざるを得ず、ＦＸに騙された……的な捨て台詞を吐いている人を見かけます。

初心者のうちは、慎重に、無理をせずに、欲張らないように注意しましょう。フルレバ戦略で大きく勝っている人の手法を見たら、本当にうらやましいですし、憧れる気持ちも分かります。でも、初心者であればこそ、大きく利益を狙わないことで、大きく損もしないようにするのが賢いです。

少なくとも、ＦＸの初心者のうちは、相場のお勉強期間だと思って、まずは、相場のパターンを丸暗記して、相場の動きにも慣れてください。こういうことが守れる人は、勝ち続けることができる人になれます。うまく上達するコツを得られる人です。初心者のうちは、レバレッジを５以下に。勝ち相場を覚えたら、勝負トレードをしても良いかもしれませんね。

【4. 何ピップスで勝負をしたらいいのか？】

私が初心者のときに、20～30万円のハイレバで勝負していたときは、デイトレードをしていました。今の500万円～1000万円で低レバに変えてからは、スイングトレードに変わりました。デイトレードだと、本当に短期集中で、真剣勝負で、今考えると精神的にハラハラドキドキと興奮状態で疲れていたかもしれません。

今のスイングに変えてからは、デイトレードに比べれば、長期トレードになりますから、あまり画面に張り付いていなくて良いので、心にも余裕が出て、とても楽になりました。デイトレードの場合は、それこそ画面に張り付いて、決済するタイミングの様子を見ていたのですが、その間は、他に何もできなくなっていました。

当時は、30分とか1時間、集中してトレードすることで、コンビニのアルバイトに比べたら、そこで3～5戦くらいして、1日のアルバイト代を稼いでしまうので、楽だと思っていました。こんな短い時間にアルバイト代を稼げるなんて、凄い！って思っていました。そして、夜も張り付くし、夜明けも張り付いていました。コンビニのアルバイトと合わせたら、本当に遊ぶ時間を削って働いているのと変わらないですよね？

でも、そのときは、サラリーマンの方が電車通勤や自宅で、テレビを見たり、ゲームをしているのと変わらずに、自分は、ゲーム内のポイントを稼いだり、ステージ攻略をするのと同じように楽しんでお金を稼いでいると思っていましたから、ずっと、画面に向かっているのもいといませんでした。

トレードの画面について、分からないという人も多いですし、そこから抵抗があるという声も良く聞きますが、私は、コンビニの管理画面と同じで、日々の売上の流れが分かって、仕入れて販売するという仕組みのグラフであるというのがひとめで分かったので、全然抵抗を持ちませんでした。むしろ、分かりやすいと思ってしまったのです。

それでも、勉強不足のときのトレードは、めちゃめちゃでしたからね。20～30万円入れた資金は、勝負、勝負。勝負で勝つときもあるけれど、結果、負ける……その負け方は、フルレバで勝負しているので、全敗という感じで退場になっていました。でも、ＦＸの良いところは、少額からできるので、また5万円とかを入金して、すぐに勝負をして、20～30万円くらいには増やせるんですよ。今考えると、５万円を金種に勝負をして、20～30万円になったらやめれば良かったんですよね？　そうしたら、それで生活が出来ていたかもしれません。

でも、私は、ＦＸの本を見ると、たいてい、金種１００万円で事例が出ているので、最低でも、１００万円で勝負をしたいと思っていたのです。それに、１００万円くらいないと、ＦＸトレーダーとして始まらない……と勝手に思っていました。なんとなく、５万円とか20～30万円でトレードするのは素人で、１００万円でトレードできてからが本物だ！　と勝手に決めて、そんな気分になっていたのです。

だから、５万円を金種に20～30万円になったら、本気の勝負！　って感じで、とにかく１００万円を作ろうと頑張っていたのです。そのため、コンビニで働いても働いても、負けたお金を補てんする感じの繰り返しでした。それが先生に会ってから、勝ちを決める値幅も、やり方も教わり、トレードスタイルを変えることになりました。

勉強をして、リスクリワードについて学んだ私は、今までのデイトレードのスタイルのまま、それをあてはめようとしていました。そうすると、20ｐｉｐｓ負けると、すぐにロスカットになるのです。昔だったら、戻ってくるまでまったりとして、15分くらいには、勝負がついていて、負けるときは、もう、何時間でも逆行してしまい、運良く戻ってくればラッキーだと命拾いをしていましたが、トレンドが逆転したり、雇用統計などの影響で値幅が大きく動いてしまったときには、完全に死んでました。

そういう自分のパターンも見直せましたし、死んでしまう原因がロスカットの設定をしていないことで、そういう話は、実際に、どの本にも書いてあったので、もちろん、知識としては知ってはいたものの、実践はしていない自分でした。実践していなければ、その知識は知らないと一緒だと先生に怒られまして……。

そして、必ず、テイクプロフィットとロスカットを設定してから、トレードをするというスタイルに変えたのです。でも、それだと、20ｐｉｐｓ負けると、すぐにロスカットになり、なんじゃこりゃ？　と驚きました。自分の直感トレードで、勝負していたときの勝率よりも圧倒的に勝率が下がってしまったからです。

勉強を始めた頃は、今から考えるとまだ初心者ですが、自分としては、操作もできるし、通貨ペアのことも、トレンドのことも知っている中級者くらいの気持ちでいましたから、この先生の言っていることよりも、今までの自分のスタイルの方が勝ててるよね？　この方法で本当に大丈夫か？　と疑いそうにもなりますが、実績をみたら、負けている自分と勝っている先生を比べるまでもなく、素直に従うことにしました。

例えば、円ドルで1万通貨でトレードしていると、10ｐｉｐｓで1万円動くんです。5万円を金種にトレードしていて1万円動くなんて、本当にハイレバなんです。それで20ｐｉｐｓ負けたときにロスカット設定をしていると、２万円も負けてしまうんですね？　本当に昔の私はまだまだ初心者だったというわけです。

だから、あなたはこの書籍を読んで、例えば初心者だったとしても、このような失敗は、デモトレードの中だけにして、本番では私と同じ失敗はしないように、この書籍をお役立てください。

【5．月100万円稼ぎたいなら】

１００万円の金種を作るために、勝負トレードで、勝負をするならどうしたら良いか？　そして、金種１００万円を作ってから、コンスタントに月１００万円を稼ぐためには、どうしたら良いのか？　それが私の当初の課題でした。

どうしたらいいんだ？　どうしたらいいんだ？　と考えながらも、結局、負けてしまい、金種がなくなる……を繰り返して、増えるどころか、お金が足りなくなるわけです。だから、月１００万円稼ぎたくとも、焦ってはいけない、急いではいけない、欲を出してはいけない。と思ってください。まして、金種のない人が、ＦＸで金種を１００万円に増やそうとするのではなくて、それこそ、アルバイトをしてまずは、金種を増やす方が手っ取り早いと思います。

お金は、あればあるほど、負けにくくなりますし、あればあるほど、勝負トレードではなくて、安定トレードで、生活費を毎月コンスタントに稼ぐことができるようにもなるからです。

もちろん、10万円から始める人もいます。少額から始められるのがFXの良さです。

1か月目　10万円の20％は2万円
2か月目　12万円の20％　2・4万円
3か月目　14・4万円の20％　2・88万円
4か月目　17・28万円の20％　3・456万円
5か月目　20・736万円の20％　4・1472万円
6か月目　24・8832万円の20％　4・976万円

こんな感じで、結構、月100万円の金種を作ることは気が遠くなります。だから、アルバイトしちゃってください。

1か月目　30万円の20％は6万円
2か月目　アルバイトで軍資金5万円投入 41万円の20％　8・2万円

3か月目　アルバイトで軍資金5万円投入５４・２万円の20％　１０・８４万円
4か月目　アルバイトで軍資金5万円投入７０・０４万円の20％　１４・００万円
5か月目　アルバイトで軍資金5万円投入８９・０４万円の20％　１７・８０万円
6か月目　アルバイトで軍資金5万円投入１１１・８４万円の20％　２２・３６万円

いかがでしょうか？

半年頑張れば、金種の１００万円を作れるし、また、金種が１００万円ぐらいあればコンスタントに20万円ぐらいは稼ぐことができます。そうなれば、少しは金種作りのためにアルバイトしてみようかな？　という気持ちになりませんか？　もちろん、これは、あくまでも、20％をコンスタントに稼げるようになった人しか信じられないお話になってしまうのかもしれませんが……。

でも、実際の私も、現在は、月20％～30％をコンスタントに出せるようになっているのです。だから、この話は本当だったとお伝えできます。そして、金種が大きくなれば大きくなるほど安定トレードができるようになるのでますますトレードを勉強し

て良かったと思えるようになることでしょう♪

つまり、負けなくなるので、金種が５００万円とか、１０００万円とかで、本当に人生が変わっていくのをご理解いただけることと思います。そうなると、本当に不労所得です。不労所得を作るにしても、多くの人が、労働所得で金種を作り、その金種に働いてもらうことになると思います。

トレードを勉強したいという若者の中には、あまり働かないで大金が欲しいと言ってきます。あまりにも、何もしないで稼ぎたい！ という意識が強すぎて、一切、働かないでお金だけ稼ごうとしているのです。さすがに、金種もないのに奇跡を引き寄せられると信じているようです。そんな夢物語を見ていたら目を覚ましましょう。

若者は、体力もあり、夜、眠らない日があっても元気です。不労所得を作る金種を作れるまでは、寝る暇も惜しんで働くのが一番の近道だと思います。でも、それで無駄遣いをしてしまい、いつまでもラットレースから抜けられないのは本末転倒です。少額から積み重ねてトレードを練習してみてください。

【6．1日50万円　簡単に月100万円を稼ぐ方法】

世の中の仕組みというのは、面白いもので、お金がない人ほど汗水を流して、馬車馬のように働いても、お金が稼げないという悪循環に陥っている気がします。その労働から不労とは言わないまでも、ある程度の余裕資金や、余裕の心と余裕の時間を持つには、この資本主義の仕組みを受け入れる必要があります。

日本では、あまり、お金の話をするのは嫌われます。そして、私たちは、悪代官様とか、成金など、お金を持って悪事を働いたり、お金を持ったら、ろくな人生にならなかったなどの転落人生劇場などを教育されています。そうなると、お金に対して良い印象を持っていません。あなたも、悪い人生は歩みたくないと思っていることでしょう。

しかし、お金に対して正しい教育を受けると、私たちが子供の頃に教わった情報は間違えていることが分かります。お金そのものが悪いわけではなくて、お金の使い方に注意すれば良いというだけの話でした。お料理で使う刃物（包丁）で例えられます。

例えば、包丁は本来、お料理に使うものですから、包丁を使うことで、綺麗な盛り付けが出来たり、食べやすい大きさに食材を切ることができます。家族もレストランのお客様も喜びます。しかし、世の中には、その包丁によって、使い方を間違えて、自分の指を切ってしまう人もいれば、中には、殺人に使ってしまう人もいます。

殺人犯は、魔がさしただけかもしれませんが、殺された本人や家族には悲しまれますし恨まれます。殺人犯のご家族だって、ショックでしょうし、悲しみます。同じ1つの包丁なのに、正しい使い方をすれば、周りの人を喜ばせることが出来るようになり、その使い方を間違えれば自分も周りの人も不幸になってしまうのです。

私は、お金の正しい使い方とは、お金を使うことで、あなたも、あなたの周りの人も、幸せになることだと考えています。その1つがお金に働いてもらうことです。自由を得て、楽をしている人ほど、お金の回りが良かったりするのも、このお金の正しい使い方を知っているからです。とかく、お金持ちに対して、毛嫌いをしていたり、お金持ちは、弱者からお金を搾取する悪い人だと思われがちです。

実際にそういう人もいるでしょうし、成金ほど、お金にとらわれ、お金に縛られ、お金の奴隷になってしまっているから、その人の印象も悪いだけで、実際には、お金のある人ほど、お金には囚われていません。お金があるふりをしていて、実際には、借金まみれだったりする人が、お金に縛られた生活をしているのではないでしょうか？

そういう人が、自分が困っていて、他人からお金を搾取するようなことをしていれば、嫌われて当然ですね。それが日本のお金持ちのイメージだと思います。でも、それは、日本の国の政策が、日本中流階級を作ることを目標にして、本当のお金持ちが育たないように、法律で定めていたので、ある程度、お金持ちになると、お金持ちは税金で搾取されて、これ以上、お金持ちにならないように縛られているのです。それは、そのお金持ちから3世代までしか豊かに生き続けられないような仕組みです。

だから、日本のお金の教育って本当に怖くて、もはや、お金持ちになりにくい日本では、世界の富裕層を相手にしたら手も足も出ません。欧米に限らず、今では、中国や台湾の富豪たちにも負けてしまいます。中国は人口が多いことで知られていますが、初心者の域を超えて、負けないトレーダーになっている可能性も高いので、手法も変わります。

もしも、あなたが1000万円の金種を作れたら、30pipsで利益確定、20pipsで損失確定を設定するのではなくて、100pipsで利益確定、50pipsで損失確定。レバレッジ1で10万ドルとしましょう。レバレッジ5で、1円上がると50万円になります。これを月に2回勝てば、50万円プラス50万円＝100万円を勝てるようになります。

これがですね、例えば、円ドルで、資金が同じ1000万円のままだったとしても、レバレッジを5倍にして、利益確定を100pips、損失確定を50pipsにしたら、1回の取引で50万円を稼げるようになるのです。凄いですよね？　たった月に1回の取引だけで50万円ですから、あなたもこうなれたら良いと思いませんか？　3年前は、私もあなたと同じように初心者で、FXのことは何も分かっていませんでした。そんな私ができました。

あなたにもできます！

おわりに

私は、初心者のときほど、現実よりも夢を見ていたいというか？　圧倒的な稼ぎや、楽ができるとか、大儲けできるようなキャッチフレーズに心惹かれていたと思い出します。そして、その夢に向かった実践をしても負けてしまって夢砕かれる……ＦＸを嫌いになるのか？　自分を嫌いになるのか？

だから、私は、あなたがあなたを好きになれるように、そして、ＦＸを好きになれるように、あまり、大きなことや非現実的なことは書いておりません。初心者にこそ伝わりにくいかもしれませんが、あなたがこの本を手に取り、いつか、タンスの肥やしになり、ある程度、失敗も重ねた後に、もう一度、思い出して読んでもらえたら、きっと深く納得できる内容だったのだと、理解してもらえることを願います。

初心者だからこそ、欲深く、大きく稼ぎたいと願うものです。実際、私がそうでした。だけど、今、欲浅く、小さくコツコツと稼げるようになって、負け知らずになったら、トレードで貯金ができるように変わりました。実際には、何もしなくても、どんどん貯金が増えていく状態ですから、一切お金に困ることはなくなりました。

そして、中級者の方にとっては、誰でも知っている手法だ！　とか、当たり前の話しかしていないぞ！　有名な手法だ！　などと思われる方もいらっしゃるかもしれませんが、実際には知っているのに、実践できていない人の方がどれだけ多いことか？

スポーツでも、基本がとても大切になります。

建築でも、基礎が一番大切です。夢を追うことも、実際に大きく稼ぐことも、とても素晴らしいことだと思いますが、同じくらいに大きく負けることで、人生を台無しにしてしまう人もいます。借金をしてでも、勝てる方法を教わり、信じて実践してボロ負けをして、人生がボロボロになってしまった人もいます。

だから、私は、初心者の人ほど、騙されないようになるために、この基本や基礎を知って頂きたいのです。そして、私がコンビニ店員生活や、ラットレースから抜けられました感謝を込めて、先生の恩返しにもなればと思って、この書籍を綴らせて頂きました。

私の話で多くのＦＸ初心者が死なないトレーダーになる手助けになれば幸いです。

プレゼント特典

『コンビニ店員だけど、ＦＸで日給20万円の人生イージーモードになった話』をお買い求めいただきありがとうございます。

初心者でも、勝てるトレーダーになるために、私からいくつかのプレゼント特典を配布したいと思います。

こちらのプレゼントの特徴としては、コピートレード（私のトレードをあなたも再現できるもの）となります。

【特典１】成功報酬型シグナル配信サービス

◆欲しい時だけ受け取れる！

前日にシグナルお申込みフォームを配信しますので、ご自身がお取引したい時に申請して頂くと、メールでシグナルをお届けします。

◆選べる３タイプ

配信を行うシグナルの種類は全部で 3 種類あります。(スイング / デイトレ / 祭り)

配信時間や保有時間が違いますのでご自身の取引スタイルに合ったシグナルを選ぶことが可能です。

※シグナルの募集期間は、前日の 20 時からシグナル配信予定時間の 2 時間前までとさせていただいております <(_ _)>

【特典２】定額コース

◆初回登録後１週間は成功報酬無料！

毎日２０時に配信します。

定額なので、毎日挙手する必要もなく、スイングシグナル１回分の成功報酬額で毎日シグナルを受け取れます。

【特典３】フルオートトレード

◆初回登録後２週間は無料でお試し頂けます！

日々のシグナルを自動化したい！　といった方にはオススメ！

自動的に取引が進んでいきますので、シグナル配信では見逃しがちな NY タイムでの取引チャンスを狙えます！

以上

是非、あなたの快適な FX ライフがスタートできますように、プレゼントをお受け取り下さい。

こちらのサイトにアクセスして
下記の特典をゲット！

URL：http://iconnectionxxx.com/mm/acc.cgi?id=14641833938158

【特典１】

『成功報酬型』のマニュアル

【特典映像】

スタートアップ動画

口座開設
MT4 インストール
受信設定
レバレッジ設定
VPS 設定

【特典２】

定額コース
(7 日間無料)

【特典３】

フルオート
(2 週間無料)

新山　優（にいやま・すぐる）
1984年生まれ。就職氷河期の影響を受け、就活そのものを断念し、コンビニエンス・ストアのアルバイトで月20万円に満たない生活をスタートさせる。渋谷の中心地で、多い時は週7日の深夜勤を続ける中、ＦＸの 研究を始める。新山システムと言われる大胆かつ繊細な投資法で、常勝トレーダーの仲間入りをする。コンビニ店員の頃 は月給20万円未満だったが、ＦＸでは日給20万円をコンスタントに稼いでいる。その他、趣味でクラブDJの活動も行っている。

facebook：https://www.facebook.com/hedgefund.banking.niiyama

コンビニ店員《てんいん》だけど、ＦＸで日給《にっきゅう》20万円《まんえん》の人生《じんせい》イージーモードになった話《はなし》

2016年6月21日　初版発行
2016年11月25日　3刷発行

著者　新山　優
発行者　常塚嘉明
発行所　株式会社　ぱる出版

〒160-0011　東京都新宿区若葉1-9-16
03(3353)2835－代表　03(3353)2826－FAX
03(3353)3679－編集
振替　東京　00100-3-131586
印刷・製本　中央精版印刷(株)

ISBN978-4-8272-1004-0　C0033